MW01265309

UN CORAZÓN PARA DIOS

REGENERANDO LOS

ASPECTOS DE SU VIDA

QUE SÓLO PERCIBE DIOS

PAUL CHAPPELL

Striving Together Publications
4020 E. Lancaster Blvd.
Lancaster, CA 93535
800.201.7748

Diseño de la portada por Andrew Jones
Diseño por Craig Parker

ISBN 978-1-59894-054-1

Impreso en los Estados Unidos de America

Dedicación

Este libro es dedicado
a la Iglesia Bautista de Lancaster.
Gracias por ser una gente que anhela
tener un corazón para Dios.

Contenidos

PRÓLOGO

Es con gran gozo que escribo el prólogo del libro del Pastor Paul Chappell *"Un Corazón para Dios."* El salmista dijo, *"Te alabaré, oh Jehová, con todo mi corazón."* Otra vez, en el Salmo 51:10 el salmista oró: *"Crea en mí, oh Dios, un corazón limpio."* Proverbios 4:23 aconseja a los oidores a que *"sobre toda cosa guardada, guarda tu corazón; Porque de él mana la vida."*

Seríamos verdaderamente necios, si no es que ciegos espiritualmente, si fracasamos en darnos cuenta que tenemos graves problemas en nuestro país, en nuestras iglesias y en nuestros hogares. No creo que decir que el corazón del problema, es el corazón, sea una respuesta simplista.

Ha sido un gozo el conocer al Pastor Paul Chappell y a la Iglesia Bautista de Lancaster ya por varios años.

Tengo el privilegio de conocer a mucha gente y de ministrar a muchas Iglesias. Puedo decir desde lo profundo de mi corazón que el Pastor Paul Chappell y los miembros de la Iglesia Bautista de Lancaster me han ministrado en muchas formas.

Estoy sumamente emocionado con su énfasis en el hogar. Dios ha dirigido al Hermano Chappell en establecer algunas prioridades que cuidan la relación entre esposo y esposa y padres e hijos de una manera única. También estoy emocionado por su énfasis en la evangelización mundial, iniciando en Lancaster, California.

Puedo percibir en el Pastor Chappell y su gente una verdadera búsqueda de Dios. Esto ha dado como resultado un gran ministerio. Después de pasar un poco de tiempo en la Iglesia Bautista de Lancaster, uno se da cuenta pronto que tienen un corazón para Dios. Esto no sólo es evidente en el Pastor Chappell y su esposa, en el en el cuerpo docente de la iglesia, sino que también motiva a la membresía de la iglesia.

Al leer a través de estos capítulos que se originaron en el púlpito de la Iglesia Bautista de Lancaster, mi corazón se llenó de calidez. Creo que estos mensajes serán una gran bendición para usted al leerlos y al dejar que Dios hable a su corazón por medio de Su Palabra y a través de la fiel exhortación del Pastor Chappell.

Recuerdo una declaración que leí hace muchos años: "Lo principal es mantener a lo principal como lo principal." Si usted piensa que eso es fácil, obviamente usted no ha estado en la batalla recientemente. Aquellos quienes están involucrados ministrando al pueblo de Dios están siendo amenazados en todas direcciones. El mundo, la carne, y el

Diablo son nuestros enemigos. Lo principal para la gente es el tener bien su corazón con Dios.

Dios nos ha dado una oportunidad única de alcanzar a millones de personas con el mensaje del evangelio. Es mi oración constante que haya un gran avivamiento entre los cristianos bíblicos, fundamentales del mundo. Si hemos de tener la mano de obra disponible y los medios para ir a través de esta gran puerta abierta, debe haber un avivamiento. El avivamiento inicia cuando la gente, de corazón, inicia a buscar a Dios.

Confío en que este buen libro será usado por Dios para darle a usted un corazón para Dios. He disfrutado enteramente el libro y he sido bendecido por muchos capítulos basados en la Biblia. Pronostico que habrá una gran circulación de este libro y que Dios lo usará para dar a muchos "un corazón para Dios."

Don Sisk
Presidente Emérito/Director Ejecutivo Emérito
Baptist International Missions, Inc.
Chattanooga, Tennessee

RECONOCIMIENTOS

Un agradecimiento especial a las siguientes personas quienes ayudaron a lo largo de este proyecto:

A Lisa Stoner, por mecanografiar con fidelidad el manuscrito;

A Glorianne Gibbs, Carin Gibbs, Joann Kulko, y Mike y Angie Zachary por la edición;

A mi maravillosa esposa Terrie, y a mis cuatro hijos, Danielle, Larry, Kristine y Mateo, por su amor, gozo, y fe que comparten cada día.

Al Evangelista Alfonso Alviso por su traducción a Español y a John Wells, Marta Lara, Nora Galdamez, Luis Salgado, y Christina Morris por su edición a la traducción en Español.

INTRODUCCIÓN

Al progresar rápidamente el siglo veintiuno, nosotros como cristianos enfrentamos retos a nuestra fe como nunca antes. Hemos experimentado una descarga total del arsenal de Satanás sobre lo que creemos, y estamos siendo llamados constantemente a pelear por buenas causas por todos lados.

En años recientes, los cristianos fieles han rendido su corazón a muchas causas nobles. Algunos de los siervos elegidos de Dios han evidenciado un corazón para pelear contra el aborto y están siendo consumidos con la batalla. Otros tienen un corazón para ganar almas y el evangelismo, lo cual es ciertamente la gran causa de la iglesia. Algunos tienen un corazón para el debate doctrinal; y otros, para mostrar exteriormente los estándares personales. Aún otros, tienen un corazón para la religión de antaño, o tal vez, un corazón para el crecimiento de la iglesia.

Irónicamente, con líderes piadosos totalmente devotos a éstas y otras causas, continuamos perdiendo batallas. Una de las razones principales por la cual estamos perdiendo estas batallas es porque estamos perdiendo soldados. Hemos olvidado que la responsabilidad principal para cada cristiano es desarrollar "un corazón para Dios." Nuestro amor a Dios debe ser supremo; debe sobrepasar nuestro amor o nuestro deseo por encima de toda otra causa o agenda. En el presente, demasiados pastores y laicos tienen un corazón para el ministerio o un corazón para otras causas, pero han fracasado en desarrollar "un corazón para Dios."

Al centro de cada ministerio, debe haber un desafío intencional a desarrollar "un corazón para Dios" en la vida de cada cristiano.

En 1994, me encontraba liderando una congregación joven hacia una enorme causa. Como una iglesia joven de apenas seis años, nos estábamos embarcando en un programa de construcción multimillonario, el cual incluía el desarrollo de veinte acres del campus para un colegio universitario bíblico.

El sentido común y el razonamiento humano me indicaban que era hora de motivar constantemente a nuestra gente a participar en el proyecto de construcción. Sin embargo, pocos meses antes de la construcción, mientras oraba por dirección, llegué a estar convencido de que la "causa" más grande para nuestra iglesia era la de desarrollar cristianos cuyos corazones estuvieran atados a un gran Dios que nos ama. Aunque a lo largo del proyecto de construcción estudiamos principios bíblicos para la edificación de la iglesia y dar a la obra de Dios, el mayor énfasis fue, y aún es, el desarrollar "un corazón para Dios" en las vidas de los miembros de nuestra iglesia.

Durante algunos de los tiempos más difíciles de nuestro programa de construcción (¡Y hubieron muchos!), peleé contra la tentación de traer mi carga a la gente. En lugar de cargarles y consumirles con los agotantes detalles de construir nuevas instalaciones de la Iglesia, simplemente intenté ayudarles a tener "un corazón para Dios." Los múltiples mensajes que pudieron enfocarse en un edificio, fueron mejor dedicados al desarrollo de corazones puros y comprometidos ante Dios.

Durante los doce meses en los que enfatizaba tener "un corazón para Dios," ¡Él también se encargó de todas las demás causas! Cientos de miles de dólares se recogían para terminar el nuevo edificio, más de 1,000 personas aceptaron a Cristo como su Salvador, y cerca de 600 le obedecieron al Señor por medio del bautismo de los creyentes. El promedio de la asistencia semanal creció cerca de 300, ¡y la gran mayoría de nuestros miembros estaban aún sirviendo al Señor para el fin del año!

Sí, existen muchas causas vitales por las cuales debemos pelear y muchos grandes mandamientos que debemos guardar; pero nunca nos permitamos olvidar las palabras de nuestro Señor cuando dijo, *"Jesús le respondió: El primer mandamiento de todos es: Oye, Israel; el Señor nuestro Dios, el Señor uno es. Y amarás al Señor tu Dios con todo tu corazón, y con toda tu alma, y con toda tu mente y con todas tus fuerzas. Este es el principal mandamiento"* (Marcos 12:29–30).

Las páginas siguientes, las cuales fueron primero preparadas con mucha oración y estudio y entonces compartidas, en parte, desde el púlpito de la Iglesia Bautista de Lancaster, sean útiles en desarrollar un **corazón para Dios** en su vida.

PRIMERA PARTE

Identificando el Corazón para Dios

Identificando el Corazón para Dios

¡Cuán amables son tus moradas, oh Jehová de los ejércitos! Anhela mi alma y aun ardientemente desea los atrios de Jehová; Mi corazón y mi carne cantan al Dios vivo. Aun el gorrión halla casa, Y la golondrina nido para sí, donde ponga sus polluelos, Cerca de tus altares, oh Jehová de los ejércitos, Rey mío, y Dios mío. Bienaventurados los que habitan en tu casa; Perpetuamente te alabarán. Selah. Bienaventurado el hombre que tiene en ti sus fuerzas, En cuyo corazón están tus caminos. Atravesando el valle de lágrimas lo cambian en fuente, Cuando la lluvia llena los estanques. Irán de poder en poder; Verán a Dios en Sion. Jehová Dios de los ejércitos, oye mi oración;

Escucha, oh Dios de Jacob. Selah. Mira, oh Dios, escudo nuestro, Y pon los ojos en el rostro de tu ungido. Porque mejor es un día en tus atrios que mil fuera de ellos. Escogería antes estar a la puerta de la casa de mi Dios, Que habitar en las moradas de maldad. Porque sol y escudo es Jehová Dios; Gracia y gloria dará Jehová. No quitará el bien a los que andan en integridad. Jehová de los ejércitos, Dichoso el hombre que en ti confía.
—Salmos 84:1–12

Cuando observamos la vida cristiana, especialmente la sociedad actual, se nos advierte lastimosamente que desear "un corazón para Dios" no viene por naturaleza. Ningún cristiano en su natural, y pecaminosa carne, desea una relación cercana con Dios. Muchos cristianos están más lejos de Dios de lo que jamás antes han estado. En la vida de muchos cristianos, la batalla entre el espíritu y la carne está siendo ganada por la carne. Desafortunadamente, la carne no desea "un corazón para Dios."

"En esto consiste el amor: no en que nosotros hayamos amado a Dios, sino en que él nos amó a nosotros, y envió a su Hijo en propiciación por nuestros pecados" (1 Juan 4:10). La Palabra de Dios es clara, nuestro hombre natural no ama a Dios ni desea una relación cercana con Él. Por el contrario, es Dios quien desea una relación cercana con nosotros.

Si fuéramos honestos con nosotros mismos, tendríamos que confesar que desde el primer día de nuestra existencia, el pensar en nosotros mismos nos vino naturalmente.

Nos fascina pensar primero acerca de nuestras propias necesidades y de nuestros deseos, y nos hemos obsesionado por nuestra propia importancia.

Dios nos ha bendecido a mi esposa y a mí con cuatro hijos maravillosos. Agradecemos a Dios por cada uno de ellos. Asombrosamente, todos ellos eran tan egoístas como podían serlo desde el primer día cuando nacieron. Cuando era la hora para ser alimentados, sacar el aire o cambiados, demandaban atención inmediata.

Desafortunadamente, no son sólo nuestros hijos los que actúan de esa manera. Todos nosotros hemos nacido con una naturaleza egoísta. Todos nosotros llegamos a este mundo pensando primero en nosotros mismos.

Este problema de egoísmo es algo con lo que combatimos durante nuestra vida adulta, aún como cristianos. De hecho, lo vemos ilustrado repetidamente en nuestra sociedad. El egoísmo es la filosofía predominante de la vida en la actualidad.

El egoísmo fue vívidamente desplegado en un artículo del periódico "*USA Today*" en diciembre de 1992. Dos padres de una familia de St. Charles, Illinois, estaban aparentemente angustiados por sus deberes paternos. Era difícil hacerse cargo de los niños, les consumía mucho tiempo el conseguir una niñera, y además les era caro. Finalmente, los papás decidieron que necesitaban huir del problema.

Esta pareja tomó una semana de vacaciones en Acapulco y dejó a sus dos hijos, de edades de nueve y seis años, solos en casa, en un suburbio de Chicago. No dejaron nada, sino una nota explicando qué comer y cuándo cocinar los alimentos. Nadie se hubiera enterado de que estaban solos, pero surgió un problema y la pequeña niña corrió con el vecino para solicitar ayuda. El vecino encontró a los dos pequeños completamente solos en su casa mientras que sus padres estaban en la playa en Acapulco. Estos papás estaban pensando sólo en ellos mismos. Estaban obsesionados con los deseos carnales egoístas.

El estar centrado en uno mismo, también ha entrado al corazón de muchos cristianos. Trae una batalla que los cristianos enfrentan cada día. Muchos reniegan el rendir sus corazones a Dios, aunque es maravilloso cómo Dios tiene la libertad de bendecir nuestras vidas en tantas e inesperadas formas cuando se las damos a Él. Tener un corazón para Dios no nos encarcela ni nos causa un estado de sufrimiento. Es una vida maravillosa, llena de gozo. Servir a Cristo con un corazón atado a Él es la forma más feliz de vivir.

Tal vez hubo un día en el que usted escuchó el Evangelio de Cristo, entendió el amor de Dios y le respondió al aceptar a Cristo como su Salvador personal. Si esto es así, usted abrió su corazón a Dios en aquel día. Si usted es un cristiano, usted ha dicho, "Señor Jesús, te invito que entres en mi corazón. Me doy cuenta que soy un pecador y Te pido que seas mi Salvador personal." Tal vez para usted esto ocurrió en una clase de escuela cominical en California, o en una escuela bíblica de Vacaciones en Tennessee. Tal vez fue en su casa o en una iglesia. ¿Ha habido un día cuando usted le abrió el corazón a Dios y le dijo, "Jesús, ven a mi corazón y sálvame?" Si esto es así, ¿tiene usted actualmente ese mismo corazón para Dios y esa misma ternura, o ha endurecido su corazón su vieja naturaleza?

Tal vez esté perdiendo la batalla. Tal vez haya perdido el corazón que alguna vez tuvo para Dios. Si usted verdaderamente desea recuperar esa fuerte pasión por conocer y amar a Dios, posiblemente la mejor forma de iniciar es por identificar un verdadero "corazón para Dios," Un personaje bíblico quien verdaderamente experimentó e identificó el "corazón para Dios," fue David.

Un Corazón que Sintió la Necesidad de la Presencia de Dios

El Salmo 84 fue escrito por David. La Biblia describe a David como un varón conforme al corazón de Dios. Fue un hombre quien tuvo un corazón para Dios. Esto no significa que era perfecto. Significa que era un hombre quien anhelaba la presencia de Dios.

El Deseo de David para Dios

David tenía muchas características sorprendentes, pero tal vez su cualidad espiritual más destacada era que su corazón sentía la necesidad de la presencia de Dios. La Biblia dice, *"¡Cuán amables son tus moradas, oh Jehová de los ejércitos! Anhela mi alma y aun ardientemente desea los atrios de Jehová; Mi corazón y mi carne cantan al Dios vivo."* Al escribir este salmo, David estaba en el exilio. Estaba lejos del lugar que representaba la gloria y la presencia de Dios. En los versículos 1 y 2 del Salmo 84, escribió que extrañaba el Tabernáculo, la gloria de Dios, y la presencia de Dios.

David tenía un deseo que le impulsaba: el tener la presencia de Dios. Su deseo por la presencia de Dios era tan intenso que una de sus más grandes ambiciones incluía la construcción de un gran templo. Aunque Dios no permitió a David que construyera el templo, sí le permitió que se preparara para su construcción. Cuando el hijo de David fue finalmente capaz para construir el templo, le llevó más de siete años. Era un lugar hermoso. Era un lugar de plata y oro. Era un lugar de gran gloria y majestad. Ciento cincuenta mil obreros cananitas trabajaron para construir este gran y poderoso monumento. Sería el lugar donde Dios habitaría.

El costo de la construcción del templo en la actualidad sería de aproximadamente $4.9 billones de dólares. El corazón de David anhelaba este lugar. Él anhelaba la presencia de Dios.

Aunque nosotros no asistimos a un templo como el de Salomón, el cuerpo del cristiano es el templo del Espíritu Santo. Se nos ha dado la iglesia local del Nuevo Testamento. Así como David deseaba la presencia de Dios, nuestro deseo debe ser el reunirnos con el pueblo de Dios para que de esa manera podamos desarrollar un corazón para Él. De la manera que David anhelaba el templo, nosotros, como pueblo de Dios, debemos anhelar un lugar de compañerismo. Debemos anhelar ver grandes y poderosas obras de Dios. La Biblia dice en el Salmo 27:8b, "...*Mi corazón ha dicho de ti: Buscad mi rostro. Tu rostro buscaré, oh Jehová.*" El salmista tenía un corazón para Dios. Escribió en el Salmo 119:2, "*Bienaventurados los que guardan sus testimonios, Y con todo el corazón le buscan.*" El cristiano feliz, es el cristiano quien busca a Dios de corazón, es el cristiano quien desea una relación más profunda con Dios, justamente como el corazón de David sentía la necesidad de la presencia de Dios.

La Pasión de David por Dios

David también tenía pasión por Dios. "*Anhela mi alma y aun ardientemente desea los atrios de Jehová; Mi corazón y mi carne cantan al Dios vivo*" (Salmos 84:2). Necesitamos entender que esta intensidad, este ardiente deseo que David sentía no era solo por el templo; él tenía ese deseo intenso por Dios. Él quería que la presencia de Dios fuera real para él. Su corazón clamaba por el Dios viviente.

¿Cuándo fue la última vez que usted dijo, "Voy a conocer a Dios. Voy a aprender cómo orar más fervientemente.

Quiero conocer Su presencia, Su poder, y Su llenura como nunca antes?" Esta es la clase de intensidad que David tenía.

Esta intensidad es como la de un atleta olímpico. Después de decidir que competirá en los Olímpicos, el atleta apartará cuatro años de su vida para alcanzar su meta. Educación, salidas con la familia, placer personal y la mayoría de las actividades normales que los jóvenes adultos disfrutan se sacrificarán por una gran pasión para alcanzar la meta. El atleta olímpico vive con una motivación, un propósito: una medalla de oro.

David escribió que anhelaba la presencia de Dios con toda la pasión en su ser. ¿Cuándo fue la última vez cuando se tomó una hora por la mañana, o un día y simplemente dijo, "Ahora voy a orar y a leer la Palabra de Dios. Voy a darle mi corazón a Dios. Voy a meditar en sus preceptos. Quiero Su presencia, Su poder, y Su llenura?"

Piense en las horas que la gente gasta en hacer ejercicio y el descanso. Piense en el tiempo que gastamos deseando relajarnos y deseando cosas para nuestro placer. Aunque hay tiempos para vacacionar y divertirse, David dijo que su corazón anhelaba a Dios. ¡Él deseaba una relación con Dios más grandiosa! Nosotros, como hijos de Dios, necesitamos poner en contacto nuestras vidas, nuestro tiempo familiar, y nuestra asistencia a la iglesia con un intenso deseo de conocer a Dios.

Por ejemplo, muy a menudo asistimos a la iglesia por todas las razones erróneas. No vamos a la corte simplemente para ver; sino vamos para encontrar justicia. No vamos a la sala de un hospital simplemente para ver la sala del hospital; vamos a la sala de un hospital para ponernos bien de salud. No deberíamos ir a una iglesia a ver un edificio o a hacer amigos o a participar en alguna actividad divertida; debemos asistir a la iglesia para poder conocer de una mejor forma a Dios. Debemos vivir nuestra vida cristiana con una pasión que desarrolle un más grande corazón para Dios. Una iglesia puede tener un maravilloso programa y un hermoso edificio, pero éstos son aspectos superficiales. Dios no está interesado en lo superficial; Él está interesado en nuestro corazón.

David era una persona cuyo corazón clamaba por la presencia de Dios. Necesitaba estar más cerca de su Dios. ¿Sentimos la misma intensidad? Sentir una profunda necesidad de la presencia de Dios en nuestras vidas es el primer paso para identificar un corazón para Dios.

Un Corazón Afianzado en Dios

David no sólo sentía la necesidad de estar más cerca de Dios, sino que también se daba cuenta de que su corazón necesitaba estar afianzado en Dios. La Biblia dice en el Salmo 84:5, *"Bienaventurado el hombre que tiene en ti sus fuerzas, En cuyo corazón están tus caminos."* Este versículo nos habla del hombre cuyo corazón se establece en los caminos de Dios, cuyo corazón está determinado. Dios dice que cuando sentimos la necesidad de Su presencia, debemos atar nuestros corazones en ella. Debemos fijarnos en la presencia de Dios de la manera que un navegador se fija en su curso. Debemos fijarnos en la actividad espiritual como un marinero debe afianzarse a su estrella guía. Debemos dirigir nuestro corazón a una relación más cercana con el Señor Cristo Jesús.

El salmista dijo en el Salmo 57:7, *"Pronto está mi corazón, oh Dios, mi corazón está dispuesto."* La gran necesidad de nuestra sociedad no es la reforma política. La gran necesidad es la reforma espiritual en los corazones de los hombres y las mujeres. Los cristianos deben decir una vez más, *"Señor Jesús, aquí está mi corazón. Mi corazón está atado a Ti."*

Mucho de mi estudio y consejería como pastor se concentra en ayudar a familias. A lo largo de los últimos años de consejería y estudio sobre el hogar, he percibido cierto patrón. Hay una tendencia, particularmente en los esposos, a alcanzar algo y luego, darlo descuidarlo. Los hombres están hechos para conquistar y lograr cosas. Muy a menudo he escuchado la historia de una esposa quien ha comenzado a sentirse abandonada por su esposo.

"Pastor," dice la esposa, "cuando éramos novios, me abría la puerta. Cuando éramos novios, me decía "Cuchi cuchi" o cariño. Cuando éramos novios, ¡se acordaba de lavarse los dientes! Usaba una loción agradable para afeitarse. Cuando éramos novios, me daba tarjetas y me llevaba a cenar. Intentaba ganarme. Me perseguía. Después de que nos casamos, parecía ya no apreciarme; empezó a controlarme."

Muchos hombres viven sus vidas por alguna causa. Si desean una casa nueva, ahorran, se preparan, piden prestado, e intentan conocer todos los aspectos financieros. Cuando finalmente se mudan a ese nuevo hogar, ha llegado a ser una obsesión. ¡Pobre del niño quien es el primero en rayar con crayón la pared! ¡Pobre de aquel que mancha la alfombra en aquellos primeros meses! Al pasar el tiempo, sin embargo, algo cambia. Aquel hombre comienza a perder interés en su nueva casa. Después de un año o dos, ha descubierto que esa casa ya no le trae verdadera felicidad, de esa manera es que llega a obsesionarse con alguna otra meta.

Los hombres llegarán a estar obsesionados con algo, lo cual logran, y entonces, dan por sentado que es suyo Esposos, ¿cuántas veces ha intentado convencer a su esposa que necesitan un juguete nuevo? ¿Finalmente, qué pasó cuando consiguió ese juguete nuevo? Fue divertido durante un día o dos, pero tal vez ahora está en una repisa de la cochera. El juguete del cual esperaba gozo duradero, sólo trajo un momento efímero de satisfacción.

Desafortunadamente, a veces esta filosofía se trae dentro de la vida cristiana. Usted sintió la necesidad por la salvación. Después de que fue salvo, aprendió varios principios bíblicos, experimentó una temporada de crecimiento, y alcanzó cierto nivel de espiritualidad. Tristemente, los asuntos espirituales muchas veces pierden su importancia en la vida de un cristiano. El gozo de la salvación, el entusiasmo de leer la Palabra de Dios, la emoción de asistir a la iglesia comienza a perderse. Los asuntos espirituales se convierten en algo ordinario. El agradecimiento por las bendiciones de Dios, por la oración y por la salvación ya no existe. Para algunos, el desafío de tener un corazón para Dios llega a ser nada menos que una carga repugnante.

Necesitamos un avivamiento personal. Requerimos abrir nuestros corazones una vez más y pedir a Dios que nos perdone por la apatía y la frialdad de nuestros corazones. No debemos ser negligentes ni olvidar la importancia de nuestra relación personal con Dios.

Determine Fijar su Corazón en la Piedad

David también determinó mantener y continuar desarrollando su relación con Dios. El corazón no va a sobrevivir bajo el control de un piloto automático. Usted debe determinar enfocarse en Cristo y fijar su atención al quedarse cerca de Él. La Palabra de Dios nos amonesta a poner nuestro anhelo en las cosas de arriba. Dios quiere que seamos consumidos con un objetivo claro: estar cerca de Él. Esto requiere no sólo de determinación, requiere disciplina.

Jeremías 17:9 dice, *"Engañoso es el corazón más que todas las cosas, y perverso; ¿quién lo conocerá?"* La Palabra de Dios nos enseña que el corazón es perverso por naturaleza. Si usted deja su corazón a sí mismo, no se acercará más a Dios. Proteja su corazón y siga el ejemplo de Cristo. *"Porque han desaparecido los fieles de entre los hijos de los hombres...Hablan con labios lisonjeros, y con doblez de corazón"* (Salmo 12:1–2), Muchos hombres viven sus vidas con doblez de corazón. En nuestra sociedad se ha vuelto fácil para un hombre el dejar que su corazón siga el placer. Un día está comprometido con su esposa; y al día siguiente anda detrás de otra mujer. Un día sirve a Dios con dedicación; y al día siguiente vive para el dinero.

La Biblia dice que debemos fijar nuestro curso y determinar caminar con el Señor Jesucristo. Santiago 4:8 nos dice, *"Acercaos a Dios, y él se acercará a vosotros. Pecadores, limpiad las manos; y vosotros los de doble ánimo, purificad vuestros corazones."* Debemos andar con un espíritu de humildad y decir, "Señor Jesús, aquí está mi corazón. Por favor, enséñame la manera de tener un corazón para ti. Por favor, ayúdame a amarte como nunca antes."

Mientras vivimos nuestra vida cristiana, vayamos más allá de sentir la necesidad de la presencia de Dios; fijemos nuestros corazones en experimentar su presencia cada día. Vayamos más allá de la convicción que dice, "Necesito estar más cerca de Dios." **Determinemos hacer las cosas que nos llevarán más cerca de Dios.**

Demasiados cristianos no manifiestan un equilibrio espiritual en cuanto a su caminar con Dios. No asisten a la iglesia con frecuencia; en resumidas cuentas, conocen bastante bien los altibajos de la vida. Esto es exactamente lo opuesto a tener un corazón atado a Cristo. Este tipo de cristiandad no solo es muy frustrante para el cristiano, sino que también impide la causa de Cristo. Nuestra sociedad se está convirtiendo en una sociedad pluralista post-cristiana debido a cristianos quienes no se humillarán a sí mismos para fijar su corazón en Dios.

Cada uno de nosotros debe asumir la responsabilidad personal por nuestra negligencia espiritual. La Palabra de Dios dice, *"si se humillare mi pueblo, sobre el cual mi nombre es invocado, y oraren, y buscaren mi rostro, y se convirtieren de sus malos caminos; entonces yo oiré desde los cielos, y perdonaré sus pecados, y sanaré su tierra"* (2 Crónicas 7:14). El avivamiento iniciará en los Estados Unidos cuando el pueblo de Dios esté más dispuesto a vivir como Jesucristo; el avivamiento comenzará cuando nosotros, una vez más, amemos a Dios supremamente.

Un Corazón Que Sigue a Dios Durante las Aflicciones

David era también un hombre que perseguía a Dios aún a través de los valles, durante tiempos difíciles. Aunque tuvo que enfrentar aflicciones, y fue tentado a abandonar su fiel andar, se mantenía fiel a Dios. David fiaba en Dios aún cuando no podía entender qué era lo que Dios estaba haciendo en su vida.

La Provisión de Dios en las Aflicciones

El Salmo 84:6–7 dice, *"Atravesando el valle de lágrimas lo cambian en fuente, cuando la lluvia llena los estanques. Irán de poder en poder; Verán a Dios en Sion."* El versículo 10 del

Salmo 84 dice, *"Porque mejor es un día en tus atrios que mil fuera de ellos. Escogería antes estar a la puerta de la casa de mi Dios, Que habitar en las moradas de maldad."* El versículo 12 continúa, *"Jehová de los ejércitos, Dichoso el hombre que en ti confía."*

Habría aquéllos quienes pasaron a través del valle de Baca.[1] Muchos viajeros, en su viaje al templo pasaban a través de este valle seco y fatigoso. Era un viaje muy agotador; sin embargo, Dios les proveía. La Palabra de Dios dice que hicieron de Baca una fuente. Ellos habían determinado llegar al templo, confiando en que Dios les proveería a lo largo del camino.

Debemos recordar que van a existir obstáculos en la vida cristiana. Necesitamos estar conscientes que habrá tiempos de prueba y tiempos de dificultad en esta jornada para tener un corazón para Dios. Es posible que estemos sufriendo de una aflicción en este preciso momento, o tal vez nos encontremos combatiendo una tentación mañana. Esta experiencia es como un valle; ese valle estará seco, árido, y tal vez desalentador. Nuestra tentación en el valle será cuestionar y perder nuestro corazón para Dios, pero los valles tienen la intención de darnos una pasión más grande de conocer a Dios. En efecto, es en el valle donde verdaderamente aprendemos que Dios está con nosotros.

Al andar a través del valle, debemos recordar las verdades que Dios nos da para sostenernos. La verdad más importante es que Dios proveerá para nosotros. Si buscamos a Dios y pedimos Su ayuda, entonces, la Palabra de Dios declara que

---

1   La traducción del nombre *Baca* del Salmo 84:6 en la versión Reina-Valera 1960 es "lágrimas."

Él proveerá para nosotros. La promesa de Dios es proveer para aquéllos quienes le están buscándo.

El versículo 6 dice, *"Atravesando el valle de lágrimas lo cambian en fuente, cuando la lluvia llena los estanques."* La Biblia explica que justo cuando el pueblo de Dios estaba en el tiempo de mayor necesidad, justo cuando estaban enfrentando la más grande sed o fatiga, se detendrían a cavar en aquel valle. Encontraban fuentes de agua allí. Muchas veces la lluvia llegaba en el momento justo y les proveía con el sustento que necesitaban. Debemos estar atentos al hecho de que Dios también nos proveerá, espiritual y físicamente, mientras caminamos a través del valle de Baca.

También vemos en este capítulo que Dios provee fortaleza para nosotros. El Salmo 84:7 nos dice, *"Irán de poder en poder; Verán a Dios en Sion."* De alguna manera, Dios provee la fortaleza para resistir las tentaciones y mantener el gozo a través del valle. La jornada a través de los valles de la vida a veces se prolonga, y el desánimo espera a la vuelta de cada esquina. A lo largo del camino, están aquellos quienes personalmente intentarán desanimarnos, y existen situaciones que nos desanimarán. En esos momentos, Dios nos fortalecerá. Cuando Dios ve nuestro deseo por Él y nuestra fe durante el tiempo de aflicción, Él proveerá el gozo y la fortaleza necesaria para sustentar nuestra vida cristiana.

El salmista nos dice en el versículo 12; *"Dichoso el hombre que en ti confía."* Moisés tenía 120 años de edad, pero, a pesar de eso, tenía gran poder y fortaleza. El Apóstol Pablo fue encarcelado en Roma. Aún así, Dios le dio fortaleza. Cuando estamos en una prisión de duda o desánimo, el agua viva de Jesucristo nos suplirá y nos sustentará. Si Pablo cantaba y encontraba gozo estando en prisión; si Juan, quien mientras estaba dando sus últimas palabras al morir, encontró el gozo de Dios en la isla de Patmos; si Esteban, mientras estaba siendo apedreado por una turba furiosa, pudo encontrar el amor de Cristo en su corazón, entonces, nosotros podemos determinar tener un corazón para Dios mientras caminamos a través del valle. Dios proveerá fortaleza para nosotros en medio de nuestro valle.

No Ponga Condiciones a la Dedicación a Dios

Muchas veces intentamos evitar el valle, o intentamos arreglarnos de antemano con Dios. No debemos tratar de regatear con nuestra dedicación a Dios. No debemos decir, "Dios, si bendices a mi familia, te seré fiel. Dios, si bendices mi trabajo, seré fiel." Debemos determinar tener un corazón para Dios en lugar de un corazón para buenas condiciones.

Tener una conciencia como la de Dios ha de ser nuestro deber principal. David dijo en el versículo 10, *"Porque mejor es un día en tus atrios que mil fuera de ellos. Escogería antes estar a la puerta de la casa de mi Dios, Que habitar en las moradas de maldad."* Debemos poder decir, "No importa qué se requiera, lo que queremos y lo que necesitamos es la presencia de Dios. No pondremos condiciones." Muchos de nosotros intentamos hacer tratos con Dios. Decimos cosas como "Si llego a ser superintendente, seré fiel a Dios. Si el pastor me trata bien este año, tendré un corazón para Dios. Si mi cónyuge me apoya, realmente tendré un corazón para Dios." Debemos determinar tener un corazón para Dios pase lo que pase. David dijo que prefería ser un portero en la casa de Dios que tener todo lo que este mundo puede ofrecer sin la presencia de Dios.

Uno de los más famosos artistas del siglo veinte era un hombre quien poseía cientos de diamantes. Tenía automóviles lujosos. Tenía los perros más caros en el mundo. Tenía los pianos más valiosos que este mundo pudiera ofrecer. Tenía millones de dólares. A pesar de toda su fortuna, Liberace experimentó una vacía y cruel muerte de SIDA.

Aunque nosotros no deseemos todas las posesiones que Liberace tenía, si dejamos que nuestros corazones se fijen en el placer temporal en lugar de Dios, nunca experimentaremos el gozo y la bendición que Dios tiene en mente para nosotros. La verdadera y satisfactoria meta en la vida es perseguir una relación cercana con Dios.

Es mejor para nosotros el tener a nuestra familia en la casa de Dios y nuestros corazones rectos en las cosas de Dios que lo que es el ir en pos del placer carnal. Es mejor para nosotros el tener un corazón para Dios que el ser consumidos por llegar a ser ricos y famosos. Lo más importante en nuestras vidas es el tener un corazón para el Dios viviente, no importando qué se cruce en nuestro camino. Debemos atar nuestro corazón a Dios sea que recibamos un ascenso o no o que logremos una codiciada meta. Podría ser que Dios eligiera bendecirnos materialmente, pero no debemos hacer de la bendición material la prueba de nuestra fidelidad.

Existe un dilema en la cristiandad. Los cristianos están desertando. Los cristianos están desertando de su Señor. El ejército cristiano está perdiendo soldados. Los cristianos están dejando sus iglesias y sus familias. Más trágicamente, están abandonando a su Dios.

Cada semana, en mi correo, recibo la fotografía de algún niño precioso, una niñita o un niñito con una sonrisa. La tarjeta indica el tamaño, la edad, y la dirección del niño desaparecido. Debajo de la foto están las palabras, "persona desaparecida." ¡Cómo han de llorar los padres a lo largo del país por aquellos pequeños desaparecidos! Y cuando Dios mira desde el cielo y ve las personas desaparecidas en la cristiandad, debe partirle el corazón. Actualmente hay demasiados cristianos desaparecidos quienes han tomado de vuelta el corazón que una vez habían dado a Dios. Debemos determinar tener un corazón que tiene un deseo por Dios, que se fija a sí mismo a Dios, que sigue a Dios aún a través de las aflicciones.

En 1982, Patty Wheat tenía un día normal en Bedford, Virginia. Sus tres hijos estaban jugando en el patio trasero de la casa. No había una cerca, sólo un patio abierto y el bosque. Su esposo estaba lejos de casa, de negocios. Como era costumbre, dejaba que sus niños de ocho, seis, y dos años jugaran en el patio trasero. En la cocina, había puesto el reloj del horno para que sonara en diez minutos. Cuando el reloj sonó, notó que su hijo Jay, de dos años, no estaba. Con un corazón acelerado, buscó en toda la casa. Pensando en que pudiera estar cerca del camino corrió hacia la autopista. Frenéticamente, la Sra. Wheat llamó al departamento del comisario del Condado de Bedford. Dentro de algunos minutos, arribaron patrullas. Pronto, sobrevolaban helicópteros. Se trajeron sabuesos a la escena. En poco tiempo, se reunió un ciento de personas, determinados a buscar al pequeño desaparecido. Los voluntarios iniciaron buscando en el denso bosque, buscando entre la maleza y los arbustos de espinas. Estaban buscando a un pequeño de dos años de edad que vestía una camiseta y un pañal. La búsqueda continuó hora tras hora, pero no encontraron nada. El corazón de la Sra. Wheat comenzó a hundirse y sus lágrimas comenzaron a correr.

Como a las 4:30 de la mañana siguiente, una anciana notó que su perro, un pastor alemán, intentaba llevarla a un punto específico. Cuando finalmente llegaron los rescatistas, encontraron al pequeño Jay, sangrando por los espinos y llorando por su mamá. Rápidamente, llevaron al niño a casa a una madre contentísima. ¡Es imposible entender cómo debió sentir al tener aquel pequeño niño en sus brazos otra vez!

Tal vez usted esté jugando un juego peligroso. Tal vez esté deambulando lejos de Dios. Está fuera, en la maleza. Está convencido que puede manejar la vida sin la ayuda de Dios. Está convencido que ser desleal a Dios realmente no es importante. Está convencido de que rendir su corazón a Dios no es realmente necesario. No está clamando a Dios porque parece estar pasándola bien. Aún tiene su trabajo y goza de salud. Las cosas van muy bien. Sin embargo, hay un Dios en el cielo cuyo corazón está roto. Una vez usted le pidió que entrara en su corazón, pero ahora le está pidiendo que salga.

"Si confesamos nuestros pecados, él es fiel y justo para perdonar nuestros pecados, y limpiarnos de toda maldad" (1 Juan 1:9). Confiese a Dios su necesidad de avivamiento y comprométase a desarrollar un corazón para Él. Reconozca su necesidad de estar cerca de Dios, regenere su deseo de caminar con Él, renueve su pasión por conocerle, recupere su responsabilidad de amar a Dios supremamente.

SEGUNDA PARTE

Desarrollando un Corazón Para Dios

CAPÍTULO DOS

Un Corazón con El Propósito de Dios

En el año tercero del reinado de Joacim rey de Judá, vino Nabucodonosor rey de Babilonia a Jerusalén, y la sitió. Y el Señor entregó en sus manos a Joacim rey de Judá, y parte de los utensilios de la casa de Dios; y los trajo a tierra de Sinar, a la casa de su dios, y colocó los utensilios en la casa del tesoro de su dios. Y dijo el rey a Aspenaz, jefe de sus eunucos, que trajese de los hijos de Israel, del linaje real de los príncipes, muchachos en quienes no hubiese tacha alguna, de buen parecer, enseñados en toda sabiduría, sabios en ciencia y de buen entendimiento, e idóneos para estar en el palacio del rey; y que les enseñase las letras y la lengua de los caldeos. Y les señaló el rey ración para cada día, de la provisión de la comida del rey, y del vino que él bebía; y que los criase tres años,

para que al fin de ellos se presentasen delante del rey.
Entre éstos estaban Daniel, Ananías, Misael y Azarías,
de los hijos de Judá. A éstos el jefe de los eunucos puso
nombres: puso a Daniel, Beltsasar; a Ananías, Sadrac;
a Misael, Mesac; y a Azarías, Abed-nego. Y Daniel
propuso en su corazón no contaminarse con la porción
de la comida del rey, ni con el vino que él bebía; pidió,
por tanto, al jefe de los eunucos que no se le obligase a
contaminarse.—Daniel 1:1–8

En 1979, el mundo fue conmocionado con la noticia de
que la Unión Soviética había entrado a Afganistán, no
sólo a pelear contra ellos, sino que también se llevaron de
sus hogares a miles de jóvenes. Estos muchachos fueron
arrebatados de sus padres, escuelas y patios. Fueron llevados
cautivos a la Unión Soviética, adoctrinados en el comunismo,
y preparados para servir en el futuro al gobierno comunista.
El hecho de tomar tan brutalmente a estos muchachos fue una
tragedia. En el libro de Daniel vemos un escenario similar.

En el año 607 a.c. aproximadamente, Nabucodonosor
invadió Judá. Las tribus del norte ya habían sido invadidas.
Después de estas invasiones tempranas, el rey Nabucodonosor
envió a su ejército dentro de Judá para que tomaran cautiva
a mucha gente de los judíos. Este evento marcó el inicio de
los setenta años de cautividad cuando el pueblo de Dios
fue llevado bajo el yugo del reino impío de Babilonia. El
rey Nabucodonosor era un adorador de Satanás, un rey
que desafiaba a Dios; y su ciudad, Babilonia, era una de las
maravillas del mundo. Quienes han estudiado Babilonia
recientemente saben que Saddam Hussein no sólo ha
excavado Babilonia, sino que, la estába reconstruyendo.
Durante la guerra del Golfo Pérsico, Saddam Hussein se

comparó a sí mismo con el rey Nabucodonosor. Si hay una persona en la historia con la que usted no quiere compararse, esa sería el rey Nabucodonosor.

Después de que Nabucodonosor edificó el imperio de Babilonia, envió a su ejército a saquear a Judá. Este ejército, trasladó tesoros desde Judá cientos de millas hasta Babilonia (en el área del Golfo Pérsico). No sólo tomaron tesoros, sino que también se llevaron a jóvenes brillantes y talentosos, a quienes podrían enseñar en sus caminos y adoctrinarlos en su religión y cultura. Tal vez, el más sobresaliente de todos los cautivos era Daniel, quien en su época excedía en ciencia, historia, y talentos.

En la Biblia hay tremendas ilustraciones de hombres y mujeres quienes se mantuvieron firmes con un corazón para Dios. Estos hombres y mujeres, a pesar de las tendencias políticas y sociológicas de su tiempo y las circunstancias de sus vidas, determinaron mantenerse firmes en la verdad de la Palabra de Dios. El profeta Daniel tal vez sea el mejor ejemplo que la Palabra de Dios nos da, de un hombre con el propósito de Dios en su corazón. Daniel era un hombre quien descubría y vivía por los propósitos de Dios, aún en presencia de increíble dificultad.

Un Corazón Decidido

Primero, notemos que Daniel tenía un corazón decidido. "*Y Daniel propuso en su corazón no contaminarse con la porción de la comida del rey*" (Daniel 1:8). La meta de Nabucodonosor era cambiar totalmente a este joven, era transformarle de un joven piadoso, dedicado, separado, y sano a un hombre a quien adorara a los dioses de Satanás. El quería que Daniel se convirtiera en un hombre a quien no le importara Dios. De hecho, llegó a tal grado que cambió el nombre de Daniel. Le llamó Beltsasar, el cual simplemente significa "un adorador de Baal." Nabucodonosor estaba determinado a cambiar la religión de Daniel, y una manera de llevarlo a cabo fue por cambiar la dieta de Daniel.

De alguna manera, la situación de Daniel es como la situación de cada cristiano en el presente. La Biblia nos dice que somos peregrinos y extranjeros en este mundo. Un canto dice, "Este mundo no es mi hogar, soy peregrino aquí."

Nuestras vidas sobre la tierra son sólo tareas temporales. Daniel estaba en un lugar extraño, y el rey de su mundo intentaba lograr que se alejara de Dios.

Debemos darnos cuenta de esta verdad: Satanás quiere cambiarnos. Quiere cambiar nuestro nombre, quiere cambiar nuestra religión, y quiere cambiar nuestros amigos y cofradías. Si pudiera, nos zarandearía como a trigo. Al diablo nada le gustaría más, que tomar a un cristiano ardiente y dedicado, para entonces destruirlo completamente.

Daniel era un adolescente. Creo que Satanás tiene en la mira las vidas de nuestros adolescentes. A él le fascinaría cambiar su apariencia, sus modas, su habla, y su andar. A él le gustaría conformarles por completo a su placer, tal y como Nabucodonosor quería cambiar a Daniel. Satanás tiene su música, su propia moda mundana, y sus héroes. Él quiere que adoremos cualquier cosa, salvo a Dios.

En la edición de febrero de 1993 de la revista "Forbes," salió un artículo escrito por el Dr. Thomas Sowell de la Universidad de Stanford. El Dr. Sowell escribió estas palabras:

> Existen técnicas de lavado de cerebro que ahora
> están siendo empleadas de manera rutinaria en
> programas de acondicionamiento psicológico en
> nuestras escuelas americanas. Esto incluye golpes
> emocionales, endurecimiento de la sensibilidad,
> interrogatorio de las creencias morales de un niño,
> y la aceptación de sistemas de valores alternativos.
> Los procedimientos incluyen viajes a la morgue
> para que toquen cadáveres; poner por parejas
> a los adolescentes para que hablen de todas las
> diferentes preferencias sexuales y estilos de vida; y
> películas gráficas mostrando guerra y sexo.

En mayo de 1992, el comité escolar de Los Angeles, por votación unánime de seis a cero, votaron no tener "El Mes de la Tolerancia Gay," sino tener "El Mes del Orgullo Gay" como énfasis en el sistema escolar del Condado de Los Angeles.

Considere el mundo deportivo. ¿Acaso escuchamos de las grandes personalidades en los deportes profesionales que hayan determinado a mantenerse firmes a favor de Dios, quienes hayan determinado ser puros y santos? No. Escuchamos de aquellos quienes no tienen buenos modales. Escuchamos de aquellos quienes tienen SIDA y otros males sociales pecaminosos. Es extraño encontrar a un hombre como A. C. Green, antiguo jugador de Los "Lakers" de Los Angeles, quien dijo, "Yo voy a mantenerme puro hasta el día en que esté listo para el matrimonio." Esta clase de carácter cristiano necesita existir en nuestro país hoy; desgraciadamente, hemos hecho hincapié en el al talento por encima del carácter. Al hacer eso, hemos realzado a la inmoralidad, la impureza, y la impiedad.

Al grano: con todas las estrategias de Satanás, si vamos a vivir para Dios en la sociedad presente, tendremos que proponer en nuestros corazones no contaminar nuestras vidas con las filosofías del sistema mundano. Daniel estaba en medio de grandes presiones y de intenso adoctrinamiento, y estaba rodeado del satanismo y la impiedad. Aún así tenía un corazón con propósito, convicciones firmes, y un corazón también firme. Proverbios 23:7 dice, *"Porque cual es su pensamiento en su corazón, tal es él."* A nosotros nos toca proponer en nuestros corazones vivir para Dios aún cuando padecemos de aflicciones. Satanás sabe que se le va a dar batalla. Satanás se da cuenta que cuando un cristiano tiene un propósito de corazón, le será difícil el llevar a la ruina a nuestros corazones.

Llevaba las Convicciones al Pecho

Como judío, Daniel era objeto a ciertas leyes dietéticas. Se suponía que él tenía que seguir ciertos procedimientos que Dios había pronunciado en la ley mosaica. Daniel sabía que él no debería cambiar esas leyes dietéticas. De hecho, la comida que les daban a él y a sus amigos, había sido dedicada previamente a los ídolos de Babilonia. Daniel se dio cuenta que el participar de esa comida les daría gusto a esos dioses paganos. Daniel determinó en su corazón no contaminarse con comida ofrecida a ídolos. Determinó no participar de la mundanalidad que le sofocaba.

Romanos 12:1 y 2 dice, *"Así que, hermanos, os ruego por las misericordias de Dios, que presentéis vuestros cuerpos en sacrificio vivo, santo, agradable a Dios, que es vuestro culto racional. No os conforméis a este siglo, sino transformaos por medio de la renovación de vuestro entendimiento."* La Biblia es muy clara en que nosotros no estamos para conformarnos a la sociedad. No estamos para conformarnos a la cultura. Estamos para conformarnos a la Palabra de Dios.

Es probable que creamos que si optamos por tal perspectiva, vamos a sobresalir tanto como lo hace un dedo morado en la mano, y es probable que así sea. Así fue con Daniel, pero también pudo encarar a su Dios con una conciencia libre de culpa. Las convicciones de Daniel estaban firmemente establecidas en su corazón. Nosotros, los cristianos, necesitamos un cambio de corazón en nuestras vidas. Muy a menudo comprendemos verdades bíblicas, pero fallamos en hacerlas personales. Marcamos nuestras Biblias, pero nuestras Biblias no nos marcan a nosotros. Pasamos mucho tiempo de nuestras vidas viviendo para lo externo. Debido a esto, nuestra fe fluctúa, nuestras convicciones vacilan, y nuestro andar con Cristo se vuelve esporádico. Debemos darnos cuenta del propósito dentro de nuestro corazón una vez más. Esto es más que sólo un cambio de apariencia externa. Es un cambio en el corazón. Dios está más preocupado con nuestro corazón que con cualquier otra cosa. Daniel era un hombre con un corazón decidido.

Las Convicciones de Daniel Se Expresan

Daniel no sólo tenía un corazón decidido, no dejaba de expresar esa determinación. Daniel 1:8 dice, *"Y Daniel propuso en su corazón no contaminarse con la porción de la comida del rey, ni con el vino que él bebía; pidió, por tanto, al jefe de los eunucos que no se le obligase a contaminarse."* Mateo 12:34 dice, *"Porque de la abundancia del corazón habla la boca."* Daniel no temía revelar sus convicciones al jefe que estaba a cargo de alimentar a los cautivos.

Mucho de la decadencia moral en nuestro mundo se puede atribuir a los cristianos quienes tienen la verdad en sus corazones pero nunca la comparten con el mundo. Hay muchos cristianos que no se paran en la iglesia, quienes no leen la Palabra de Dios, y quienes no han propuesto en sus corazones vivir para Dios. Una sociedad decadente es el precio que pagamos por nuestra falta de dedicación. Vemos a políticos quienes están tratando de hacer legal el aborto auspiciado por fondos federales. Aunque debemos respetar a aquellos que estén en un lugar de autoridad, también debemos ser fieles en permanecer firmes a favor de la justicia. Que Dios nos dé cristianos quienes sean portavoces de la verdad que creen.

Daniel expresó sus convicciones. Estaba solo, pero se mantenía firme a favor de lo que era correcto. Cristiano, necesita proponerse algunas cosas en su corazón. Si usted es casado, propóngase ser fiel a su cónyuge. Si usted es soltero, propóngase mantenerse puro delante de Dios. Propóngase andar fielmente en un mundo comprometedor. Ahora proponga en su corazón hacer lo que es correcto. Si usted falla en esto, puede ser que algún día caiga en alguna tentación de Satanás. Proponga en su corazón que no importa qué pase en la vida, quién sea elegido a un cargo público, o qué pase en la sociedad, su autoridad final será la Palabra de Dios.

Un Corazón Puesto a Prueba

Daniel también tenía un corazón puesto a prueba. Estaba dispuesto a probar a su Dios, a ir más allá del propósito y actuar por fe. Notemos lo que la Biblia dice en Daniel 1:9, *"Y puso Dios a Daniel en gracia y en buena voluntad con el jefe de los eunucos."* Esto significa que Daniel era respetado, entendido, y apreciado por sus convicciones. El versículo 10 continúa, *"Y dijo el jefe de los eunucos a Daniel: Temo a mi señor el rey, que señaló vuestra comida y vuestra bebida; pues luego que él vea vuestros rostros más pálidos que los de los muchachos que son semejantes a vosotros, condenaréis para con el rey mi cabeza."* Por favor, entienda que el trabajo del jefe de los eunucos era mantener a Daniel saludable. Lo que decía era, "Daniel, si tú no comes esta carne, el resto de los muchachos de Judá van a verse más saludables, ¡y tú te vas a ver como todo un debilucho! Voy a terminar logrando que me corten la cabeza." ¡Así es como se trataban los problemas bajo Nabucodonosor!

La Propuesta de Daniel

La respuesta de Daniel se indica en los versículos 11 al 15 de Daniel 1 *"Entonces dijo Daniel a Melsar, que estaba puesto por el jefe de los eunucos sobre Daniel, Ananías, Misael y Azarías: Te ruego que hagas la prueba con tus siervos por diez días, y nos den legumbres a comer, y agua a beber. Compara luego nuestros rostros con los rostros de los muchachos que comen de la ración de la comida del rey, y haz después con tus siervos según veas. Consintió, pues, con ellos en esto, y probó con ellos diez días. Y al cabo de los diez días pareció el rostro de ellos mejor y más robusto que el de los otros muchachos que comían de la porción de la comida del rey."*

Estos son los mismos jóvenes quienes estuvieron en el horno de fuego. Probaron a Dios desde el primer día. En efecto, decían, "Si Dios ha ordenado estándares y convicciones en nuestras vidas, vamos a hacer de verdad lo que Dios nos pida hacer." Daniel estaba probando a su Dios.

El Producto de Daniel

Es emocionante ver cómo Dios honró la determinación de Daniel. Diez días después del acuerdo, Daniel y sus amigos estaban más sanos en apariencia que todos los que habían comido de la carne del rey debido a que Daniel había probado la poderosa mano de Dios. Lo que leemos en la Biblia, algunas veces ocasiona que digamos, "Si yo hiciera eso, ¡mi negocio no sobreviviría! Si yo asistiera tanto a la iglesia, y estuviera tan involucrado sirviendo a Dios y siendo un cristiano fiel, mis socios pensarían que soy alguien raro. Mi familia no lo entendería." Aún así, Daniel tenía la fe para obedecer a Dios. Confió en Dios con ello, y aceptó las consecuencias.

Hace varios años, un caballero visitó la iglesia. Era un oficial de las fuerzas armadas quien había logrado alcanzar alto ascenso. Parecía que realmente disfrutó el servicio de la iglesia, sin embargo, cuando le visité una tarde en su hogar, me dijo algo así:

> Pastor Chappell, cuando voy a su iglesia, cuando predica de la Biblia, sé que usted predica sin concesiones. Disfruto la música. Disfruto a la gente. Pero ser cristiano en la fuerza aérea es algo difícil. Si voy a ascender de rango en la fuerza aérea, hay un código social no escrito al que tengo que atenerme. Existen algunas cosas que tengo que hacer en las fiestas, ciertas cosas que tengo que hacer y decir. Por favor, entienda que no es nada contra usted o su iglesia, pero para tener éxito en mi campo, no puedo sentarme cómodamente en su iglesia.

Su actitud era amigable; simplemente me explicaba la manera en la que él percibía la vida de un oficial militar.

Básicamente, decía que para ser aceptado por el mundo, no podía abiertamente permanecer en la verdad de la Palabra de Dios; y eso es verdad. Nuestra iglesia anima a la gente a tener un corazón para Dios y estar firme a favor de Dios, pero él no quería hacer eso. Aunque yo no estaba de acuerdo con él, él había tomado su decisión. En las semanas siguientes, comenzó a congregarse en la capilla de la base.

Pocas semanas después, ocurrió algo interesante. Al dirigir nuestro Domingo Festivo anual, invitamos al comandante de la base a ser nuestro invitado especial. Sucedió que el comandante era el jefe del caballero que mencioné anteriormente. Para nuestro agrado, aceptó nuestra invitación para saludar a a nuestra iglesia de parte de la Base Edwards de la Fuerza Aérea. El siguiente martes por la noche, hice una cita para visitar al comandante y a su esposa en su casa en la base.

Por el camino, estaba orando, "Señor, sé que tengo que hablar con esta familia. Sé que tengo que asegurarles de su salvación; pero Señor, Tú sabes todo sobre esos requisitos sociales en la fuerza aérea. No creo que haya ni la más remota esperanza en este mundo que este amigo regrese alguna vez a la iglesia. Sólo seré cortés con ellos, pero, Señor, ¿realmente tengo que meterme en lo más serio de la Biblia, la salvación y la vida cristiana?"

Mientras entraba en el hogar y me senté, comenzamos a hablar. En los primeros momentos de la visita, comencé preguntando acerca de la salvación y me di cuenta que esta familia ya había aceptado a Cristo. Mientras continuamos hablando, dije, "Nos gustaría que vinieran. Quisiéramos que se sintieran bienvenidos para que llegaran a ser parte de la familia de la iglesia. Sé que en la fuerza aérea hay 'requisitos sociales.' Nuestra Iglesia es un tanto anticuada en algunos de esos requisitos sociales. Simplemente entendemos la Biblia literalmente cuando habla de no ser conformado al mundo."

Abrí mi Biblia en Romanos 12:1, e iniciamos un estudio bíblico. Compartí algunos de los principios de la Palabra de Dios en lo que se refiere a vivir la vida con un corazón para Dios. Para mi sorpresa, el comandante de la base me miró en los ojos y dijo, "Mi esposa y yo determinamos hace años, cuando apenas estábamos iniciando nuestra carrera militar, que obedeceríamos a Dios primero. Determinamos no ser parte de la fiesta de la vida, de chistes groceros, o de mundanalidad. Determinamos que haríamos lo que Dios quisiera que nosotros hiciéramos."

Apenas unos cuantos domingos después de aquella visita, ese distinguido caballero fue bautizado en nuestra iglesia. Era un comandante de base quien había determinado hacía años que viviría para Dios y dejaría las consecuencias a Dios. Satanás quiere convencernos que si nos proponemos hacer lo correcto, no progresaremos en el trabajo o no disfrutaremos de los placeres de la vida. Muy a menudo fallamos en entender al Dios de la Biblia. Fallamos al probar a Dios. Daniel lo hizo, y Dios le bendijo de una manera milagrosa.

Le desafío a usted, cristiano, a probar a su Dios cuando Él le pida estar firme en algún aspecto de su vida. Él le honrará a usted por su dedicación, tal y como honró a Daniel. Al final, Daniel estaba mucho más saludable que todos los judíos corruptos quienes habían desobedecido a su Dios.

Un Corazón Perseverante

Hemos visto que Daniel era un hombre con un corazón decidido. También hemos visto que Daniel era un hombre con un corazón probado, un hombre quien dijo que iba a probar a su Dios. Él iba a hacer lo correcto, no importando qué haría el resto del mundo.

Daniel también era un hombre con un corazón perseverante. Él quería estar bien con Dios de manera permanente. No era un cristiano temporal, sino un hombre quien se mantuvo fiel a lo largo de su vida.

Dios Ve Nuestra Fidelidad

En Daniel 10, leemos de algunos acontecimientos sumamente interesantes en la vida de Daniel. En este capítulo, Daniel tuvo una visión celestial. Un ser celestial se le apareció. Algunos teólogos creen que fue una teofanía, una aparición del Cristo pre-encarnado.

En el versículo 12, este ser celestial le habla a Daniel: "*Entonces me dijo, Daniel, no temas; porque desde el primer día que dispusiste tu corazón a entender y a humillarte en la presencia de tu Dios, fueron oídas tus palabras; y a causa de tus palabras yo he venido.*" Esta visión ocurrió treinta y tres años después de los eventos del capítulo 1. Treinta y tres años antes de este sueño, como un adolescente, Daniel propuso en su corazón seguir a Dios. Por treinta y tres años había obedecido a Dios, orado a Dios, y había seguido las leyes dietéticas. Había honrado a su Señor con toda su vida.

El principio es éste: Dios no sólo escuchó la primera oración de Daniel, Dios conocía el corazón de Daniel y vio su vida por treinta y tres años. Treinta y tres años más tarde, Dios aún estaba contestando las oraciones de su fiel sirviente.

A veces podría ser que usted piense que Dios no se da cuenta. Tal vez sienta que Él no está al tanto de su fidelidad. Cristiano, anímese, porque Él sí está tomando nota. Dios ve la vida del hombre quien se mantiene fiel a la justicia.

Daniel Fue Fiel Hasta el Final

Daniel fue fiel a Dios hasta el fin de su vida. En el último capítulo del libro, se le dijo a Daniel de algunos eventos proféticos específicos que tomarían lugar. Se le dijo del periodo de la Gran Tribulación, la abominación del Anticristo profanando el templo, la Tribulación de siete años, y muchos otros eventos proféticos que sucederían después de su muerte. A Daniel le fue dada, directamente de Dios, una increíble revelación de las cosas que vendrían.

En dos ocasiones Daniel le preguntó al Señor cuándo sería el final. ¿Cuándo sucederían esas cosas? Daniel, ahora mayor, aparentemente quería saber cuál sería el fin de su pueblo. Quería saber si serían librados de Babilonia o no y si tendrían restablecido su reino. De manera interesante, Dios le dijo a Daniel: "*Y tú irás hasta el fin, y reposarás*" (Daniel 12:13). En otras palabras, Daniel moriría antes de que se cumpliera la profecía. Aunque Daniel no vería el cumplimiento de estas profecías antes de su muerte, él se mantuvo fiel a Dios.

Tal vez usted no vea todas sus preguntas contestadas, no reciba todas las recompensas que le gustaría, o no entienda las pruebas de esta vida; pero debe perseverar en su vida cristiana. Daniel tenía un corazón perseverante. El era perseverante aunque se daba cuenta que no presenciaría todos los eventos que Dios le había mostrado.

Tal vez usted quiera darse por vencido. Tal vez sienta que no es capaz de hacer todo lo que quisiera hacer. Tal vez percibe que el diablo esté peleando con usted. Es probable que usted se conforme más a este mundo de lo que debe. ¿Renunciará y le dará la espalda a su Dios, o confesará su lucha al Señor? Comprometa su corazón a perseverar hasta el final.

Durante la Segunda Guerra Mundial, el General Wainwright fue capturado por los japoneses y llevado a Corregidor, una isla-prisión donde se le mantuvo cautivo durante muchos meses. Al principio, se mantuvo bastante bien. Entonces, debido a la persecución, las pruebas, la celda húmeda, las ratas, y la terrible comida, este gran y noble general comenzó a perder la esperanza y llegó a deprimirse mucho. No mucho después, comenzó a negarse a comer. Dejó que las estrellas y los botones de su uniforme se opacaran. En su corazón, había perdido la esperanza y simplemente quería morir.

Durante la captura de Wainwright, el General Douglas MacArthur comenzó a trabajar con sus hombres más calificados para concebir un plan para su rescate. La primera fase de este plan fue enviar a sólo un hombre a través de la fortaleza japonesa a la celda de Wainwright con este mensaje: "El General MacArthur está planeando su escape. Vendremos pronto a rescatarle."

Cuando el General Wainwright recibió este mensaje, su espíritu revivió, su corazón fue renovado, y la llama de su esperanza fue avivada en su pecho. La mañana siguiente, el General Wainwright se levantó de su litera, se puso firme en atención, y usó su viejo cepillo de dientes para cepillar las estrellas opacas de su uniforme. Comenzó a pulir los botones manchados de su saco. Se estaba preparando para reunirse con su oficial comandante.

Les dijo a sus secuestradores japoneses, "Voy a desayunar esta mañana, y a propósito, también voy a tomar mi comida de la tarde." Su corazón estaba vivo y lleno de esperanza una vez más. Sabía que pronto sería rescatado. No mucho después de la llegada del primer mensaje, el General Wainwright fue rescatado valerosamente y llevado de regreso con sus soldados. Esperando su regreso estaba su comandante, el General Douglas MacArthur.

Cristiano, ¡hay buenas noticias a la puerta de tu prisión! *"Este mismo Jesús, que ha sido tomado de vosotros al cielo, así vendrá como le habéis visto ir al cielo"* (Hechos 1:11b). Es tiempo de estar firme en atención, reclamar la esperanza que alguna vez ardía en su corazón, pulir el metal, y hacer brillar las estrellas. Es tiempo de reavivar un corazón perseverante porque su Salvador ha planeado su rescate. En sólo un abrir y cerrar del ojo, usted será llevado a su hogar a su Comandante. A pesar de lo que tome lugar en nuestra sociedad, podemos pararnos firmes en el Señor Jesucristo, esperando el día cuando Él vendrá otra vez para llevarnos al cielo. Re-encienda su esperanza, reavive su compromiso, fije su corazón en Jesucristo, y propóngase a vivir para Él hasta el día en que Él regrese.

CAPÍTULO TRES

Examinando Su Corazón

Porque la palabra de Dios es viva y eficaz, y más cortante que toda espada de dos filos; y penetra hasta partir el alma y el espíritu, las coyunturas y los tuétanos, y discierne los pensamientos y las intenciones del corazón.—HEBREOS 4:12

Cuando nuestra iglesia comenzó a avanzar financiando el programa de construcción hace algunos años, se me avisó de que la mayoría de las instituciones bancarias requieren una póliza de seguro de vida del pastor en la cual nombré a la iglesia como la beneficiaria. Para poder obtener esta póliza de seguro de vida, tuve que someterme a un examen médico el cual incluía un electrocardiograma (EKG son sus siglas en inglés[1]).

---

1   Nota del traductor

Nunca antes me habían realizado un EKG, y estaba sorprendido cuando la enfermera me llenó todo el pecho de algún tipo de gel que parecía un poco la pasta dental sin el sabor a menta. Después que estaba cubierto de gel, la enfermera le fijó a mi pecho muchos electrodos. (Eran como los dardos de succión que usábamos para disparar flechas cuando éramos niños, cuando jugábamos a los indios y vaqueros.) Una vez que tuve el gel y los dardos de vaquero cubriendo por completo la parte superior de mi cuerpo, de pronto tuve una sensación pulsante. Inmediatamente miré por encima de mi hombro, y vi una máquina muy grande. Aún no estoy seguro qué era lo que la máquina estaba midiendo, ¡pero parecía como si estuviera registrando 8:3 en la escala de Richter! Aún no sé todo acerca de lo que ese aparato indicaba, pero tengo un buen corazón porque ¡recibí la póliza del seguro!

El corazón es un órgano asombroso. Es el órgano más importante en el cuerpo, aunque es uno de los más pequeños. Las investigaciones comprueban que el corazón empieza a bombear unas cuantas semanas después de la concepción. Aún dentro de la matriz de mamá, un pequeño corazón comienza a bombear y a circular la sangre de la vida del bebé. Esta bomba dentro del pecho humano, sin embargo, no es nada más que un músculo hueco. Está rodeado por un saco llamado pericardio. El pericardio actúa como un amortiguador de golpes que mantiene al corazón en su lugar mientras éste circula sangre por todo el cuerpo.

Dentro del corazón están las arterias coronarias. Normalmente, un electrocardiograma indica las anomalías en el corazón o en las arterias. Cuando algo está mal, se debe tomar acción inmediata. Los males cardiacos son la causa principal de muerte en los Estados Unidos de

Norteamérica. Aunque los problemas del corazón son el asesino número uno, increíblemente nuestra nación gasta cuatro tantos más en investigación sobre el SIDA de lo que gasta en investigación de los problemas cardiacos. Un individuo con un problema cardiaco no puede asegurarse en la mayoría de los tipos de seguros de vida en nuestro país.

En este capítulo, estudiaremos el corazón moral y espiritual referido en Hebreos 4:12. La Biblia es clara en que, así como el hombre tiene un corazón físico, también tiene un corazón espiritual. La Biblia también es clara en que Dios está interesado en la condición del corazón espiritual del hombre. A pesar de las experiencias del pasado o la condición actual, Dios se especializa en corazones en mal estado. De hecho, Dios tiene una grandiosa "póliza de vida eterna" que ha sido sellada por el Espíritu Santo de Dios. Cualquiera que viene a Cristo puede recibir la póliza de vida eterna como un regalo.

El Corazón Examinado

Hay tres verdades que podemos deducir de este versículo. Primero, el corazón espiritual necesita ser examinado por la Palabra de Dios. Hebreos 4:12 dice, "*Porque la palabra de Dios es viva y eficaz, y más cortante que toda espada de dos filos; y penetra hasta partir el alma y el espíritu, las coyunturas y los tuétanos, y discierne los pensamientos y las intenciones del corazón.*" La palabra "corazón" aquí, viene de la palabra griega *cardia*, la cual significa "el centro moral o la vida personal escondida." Primera de Pedro 3 habla acerca de "lo interno, del corazón."* Fue David quien dijo en el Salmo 139:23, "*Examíname, oh Dios, y conoce mi corazón.*"

Usando tecnología moderna, los médicos han descubierto cómo diagnosticar el corazón físico. Existen varios procedimientos médicos (desde la cirugía láser, hasta la angioplastia, o la cirugía del corazón) lo cual permite a los doctores detectar muchos problemas diferentes con el corazón físico. Sin embargo, la única manera para conocer la condición espiritual del corazón es por examinarlo a la luz de la Palabra de Dios. No hay otra manera; no existe tecnología más grande. Es asombroso cómo la gente gasta fortunas en doctores y tratamientos médicos para asegurar la salud física mientras que al mismo tiempo, rehúsan asistir a la iglesia, leer la Biblia, o hacer cualquier otra cosa que es necesaria para asegurar la salud espiritual.

La Palabra de Dios Está Viva

¿Cómo es que la Palabra de Dios examina el corazón? ¿Cómo funciona el proceso bíblico de un examen del corazón? Primero que nada, la Biblia nos dice que "la Palabra de Dios es *viva*." Esto simplemente significa que la Biblia está viva. Primera de Pedro 1:25 dice, *"Mas la palabra del Señor permanece para siempre. Y esta es la palabra que por el evangelio os ha sido anunciada."* La Biblia está viva para siempre; es un Libro viviente, cuando usted lee la Palabra de Dios, está exponiendo su corazón a las palabras vivientes de Dios.

La Palabra de Dios es Poderosa

La Biblia dice, *"La palabra de Dios es viva y eficaz."* Esto simplemente significa que es dinámica. La Palabra de Dios es más dinámica que un instrumento quirúrgico, es más dinámica que lo último en tecnología de la medicina. Es importante que los pastores y obreros en el ministerio se den cuenta de que la obra de Dios es más importante que una cirugía a corazón abierto. Cada vez que la poderosa Palabra de Dios es compartida, se realiza por el Espíritu Santo una cirugía espiritual en el corazón en las vidas de los oidores. Cada vez que usted oye o lee la Palabra de Dios, pierda cuidado, el poder de Dios está vivo y cambiando vidas.

La Palabra de Dios Es Cortante

La Biblia dice que la Palabra de Dios es *"más cortante que toda espada de dos filos."* La palabra "cortante" en este versículo implica que la Biblia cortará. Efesios 6:17 dice que la Biblia es la *"espada del Espíritu."* En las manos del Espíritu Santo, es también un instrumento quirúrgico el cual corta el corazón de los hombres y las mujeres. Las iglesias que enfatizan más las necesidades sociales y la música que la Palabra de Dios no ven vidas cambiadas y gente aceptando a Cristo. Sin la Palabra de Dios, la cirugía espiritual del corazón no puede tomar lugar. Es solo la Palabra de Dios la que cortará dentro del corazón y el alma de un hombre, mostrándole su necesidad de Cristo.

La Palabra de Dios Penetra

La Biblia dice que la Palabra de Dios penetrará *"hasta partir el alma y el espíritu."* La palabra "penetra" significa que cortará atravesando por completo. La Palabra de Dios revelará la condición del corazón mejor que cualquier otra cosa.

Hace algunos años mis hijas comenzaron a hablar de querer perforar sus orejas. Según ellas, todas sus amigas ya tenían sus orejas perforadas, y Mamá también tenía sus orejas perforadas. Finalmente llegó el día cuando toda nuestra familia fue a un centro comercial para que Danielle pudiera perforarse las orejas. Kristine, quien en aquel momento todavía era muy joven, observó todo el asunto. Ella vio cómo el técnico acercó el "arma" al oído de Danielle, tiró del lóbulo de la oreja, y jaló del gatillo. Entonces Kristine me miró con ojos bien abiertos y dijo, "¡Papá, atravesó todo por completo!" Ocurrió algo chistoso. De repente, Kristine decidió finalmente que no quería que le perforaran sus orejas.

Esta es la misma razón por la que mucha gente evita la Palabra de Dios por completo. Ellos saben que la Palabra de Dios "corta por completo a través de todo." Mucha gente desea un cristianismo con una conciencia tranquila, una cristiandad que les hace sentir bien sin requerir ninguna demanda personal o condenar ningún pecado secreto. Muchos cristianos evitan la Palabra de Dios porque penetra hasta lo más profundo del corazón. Muchos cristianos quieren un cristianismo superficial, pero la Biblia está diseñada para "atravesar por completo." La Biblia penetra hasta partir el alma y el espíritu.

La Palabra de Dios Discierne

Mientras la Palabra de Dios examina nuestros corazones, *"discierne los pensamientos y las intenciones del corazón."* La palabra "discierne" indica que esta examina, o juzga, el corazón. La mejor forma de entender su condición espiritual es por exponerse a la Palabra de Dios. Santiago decía que la Palabra de Dios era un espejo. Mientras nos miramos en el espejo de la Palabra de Dios, debemos mirar con el propósito de cambiar cualquier cosa que necesite ser cambiada. Al venir a estar en contacto con la Biblia, ya sea en la iglesia, en la lectura personal, o aún a través de este libro, necesitamos examinar nuestros corazones y aplicar la verdad de la Biblia a nuestras vidas. No debemos mirar en la Palabra de Dios sólo por echar un vistazo. Debemos permitir a la Palabra de Dios que **examine** nuestros corazones.

Necesitamos asistir a la iglesia y leer la Palabra de Dios para nuestro bienestar y salud espiritual. Si estamos viviendo la vida cristiana por el bien de alguna persona o tradición, no estamos entendiendo de qué se trata el asunto. Cada vez que somos expuestos a la Palabra de Dios, debemos dejar que examine y cambie nuestros corazones. Venir a Dios con un corazón abierto para un examen espiritual es más importante que tener un examen físico. Debemos pedir a Dios que examine nuestro corazón a diario, y debemos dejar que la Palabra de Dios penetre, "atravesando por completo," nuestros pensamientos e intenciones.

El Corazón Expuesto

Al ser examinados nuestros corazones por la Palabra de Dios, será expuesta nuestra condición espiritual. Hebreos 4:12 dice que la Palabra de Dios "discierne los pensamientos y las intenciones del corazón." Note las palabras "pensamientos e intenciones." El corazón espiritual que estamos estudiando no es una entidad neutral. El corazón espiritual es capaz de desear, percibir, y hasta poseer tenacidad; este corazón hasta tiene voluntad. La Palabra de Dios tiene la habilidad de exponer las intenciones erróneas y los pensamientos erróneos que hay dentro del corazón, y tiene la habilidad de ayudarnos a corregir estos patrones erróneos. La Biblia puede llevar a cabo la cirugía del corazón espiritual en nuestras vidas de manera que podamos disfrutar una vida cristiana santa y feliz, pero tenemos que estar dispuestos a rendirnos al bisturí del Cirujano. Debemos estar dispuestos a que la Palabra de Dios exponga nuestros corazones de manera que el cáncer del pecado pueda ser sacado. Sólo después de que nuestro corazón está expuesto y reparado es que podemos verdaderamente conocer la salud espiritual y la cristiandad gozosa.

El Corazón Necio

Pedro dijo en Hechos 15:8 que Dios conoce el corazón; Él ve más allá de la apariencia externa, directamente al corazón. En Su Palabra, expone diferentes tipos de corazón. En el Salmo 14:1, Dios expone el corazón necio: *"Dice el necio en su corazón: No hay Dios."* El necio más grande del mundo es aquel que dice que no existe Dios. Decir que no hay Dios es declarar que usted mismo es un dios. Cualquiera que hace esta declaración es un necio, porque sugiere que él es omnipresente, que ha estado en cada planeta, ha levantado cada roca de cada planeta, ha visto todo, y sabe todo. Cualquiera que haya hecho esto puede que esté calificado para declarar que no existe Dios. Alguien quien niegue la existencia de Dios simplemente confiesa ,"Soy un necio."

El Corazón Malvado

Mientras Dios examina el corazón de un hombre a través de Su Palabra, todo lo que hay en ese corazón llega a estar expuesto. Dios ve la necedad en algunos corazones. En otros,

Él ve la maldad. Zacarías 7:10 dice, *"Ni ninguno piense mal en su corazón contra su hermano."* Un cristiano que no sólo imagina sino que también habla cosas malas de su hermano demuestra un corazón malvado. Dios ve la maldad porque Él conoce la intención. De vez en cuando, puede ser que usted sea la víctima de palabras perversas y planes perversos. Sin embargo, la Biblia dice, *"Nunca respondas al necio de acuerdo a su necedad"* (Proverbios 26:4). Un corazón malvado se deleita en imaginar y hablar cosas perversas.

El Corazón Duro

Cuando Dios mira dentro del corazón, a veces Él encuentra dureza. Romanos 2:5 dice, *"Pero por tu dureza y por tu corazón no arrepentido, atesoras para ti mismo ira para el día de la ira y de la revelación del justo juicio de Dios."* Dios dijo que hay cierta gente cuyo corazón está duro. Han rechazado a Dios de manera tan fuerte que lo único que les espera es la ira de Dios en el día final.

El Corazón Perverso

Nabucodonosor, rey de Babilonia, era un hombre con un corazón perverso. Daniel le dio testimonio al rey Nabucodonosor una y otra vez, pero el corazón del rey estaba continuamente endurecido. Mientras Nabucodonosor más rechazaba a Dios, su corazón se volvía más perverso. Daniel 5:21 dice, *"Y su mente se hizo semejante a la de las bestias."* Nabucodonosor rechazó tanto a Dios que empezó a actuar como un animal. Era un rey que fue atrapado en libertinaje perverso.

A menudo nos preguntamos cómo es que la gente puede desafiar lo que es natural y estar involucrada en la clase de perversidad que vemos el día de hoy. Nos preguntamos por qué la gente anda de mal en peor, tan enferma del pecado que no saben siquiera dónde están. En algún lugar en las vidas de esos hombres y mujeres está el rechazo continuo de Dios. Sus corazones endurecidos los han llevado mucho más lejos de lo que alguna vez esperaban ir.

Nabucodonosor dijo que él conocía lo que Dios había hecho. Podía verlo en la vida de Daniel, pero no iba a creerlo. Su corazón llegó a ser continuamente perverso.

En los días de Noé, Dios miró dentro de los corazones de los hombres y vio que la maldad de los hombres era mucha sobre la tierra. Él vio que todos los designios del corazón del hombre eran sólo de continuo mal. Vio a hombres que no podían controlar sus pensamientos y a mujeres que no podían controlar sus lenguas. Vio que cada pensamiento del corazón era continuamente perverso. De la misma manera Dios ve nuestros corazones. Él ve el corazón necio, el corazón malvado, el corazón duro, y el corazón perverso.

Recientemente, una madre vio a su pequeña hija aprendiendo a atar las cintas de sus zapatos. Mientras la mamá inició a alabar a la pequeña por atar perfectamente sus zapatos, la pequeña niña comenzó a llorar.

"Corazón, ¿por qué estás llorando?" preguntó su madre. "Finalmente aprendiste cómo amarrar las cintas de tus zapatos."

Con ojos tristes, la pequeña niña contestó: "¡Lloro porque ahora tendré qué hacerlo por el resto de mi vida!"

Tan humorístico como esto parece, creo que la actitud de muchos cristianos es muy similar a la actitud de la pequeña niña. Sabemos lo que es correcto, pero fallamos en hacerlo porque sabemos que tendremos que *seguir* haciendo lo correcto.

Cristiano, Dios ve su corazón. Si su actitud hacia la vida cristiana es como la de esa pequeña niña, debe pedir a Dios que le perdone por su corazón endurecido. Pida a Dios que haga un nuevo corazón dentro de usted. Permita que su corazón sea examinado y expuesto por la Palabra de Dios de manera regular, diariamente.

El Corazón Cambiado

La Palabra de Dios le trae esperanza al corazón enfermo por el pecado con una maravillosa verdad. El corazón pecaminoso no tiene que permanecer duro o malvado. Aunque está más allá de nuestra capacidad el poder cambiar los problemas en nuestros corazones, Dios nos ofrece un corazón nuevo. El corazón espiritual puede ser cambiado. Hechos 16 da un testimonio claro de este "cambio de corazón." El capítulo abre con un recuento del Apóstol Pablo sobre un viaje misionero.

Dios Abre el Corazón

*Entonces una mujer llamada Lidia, vendedora de púrpura, de la ciudad de Tiatira, que adoraba a Dios, estaba oyendo; y el Señor abrió el corazón de ella para que estuviese atenta a lo que Pablo decía. Y cuando fue bautizada, y su familia, nos rogó diciendo: Si habéis juzgado que yo sea fiel al Señor, entrad en mi casa, y posad. Y nos obligó a quedarnos.—*Hechos 16:14–15

Lidia era una mujer religiosa y devota; ella conocía las cosas de Dios, sin embargo no era salva aún. La Biblia dice que ella estaba adorando de acuerdo al patrón que se le había dado. Cuando Pablo vino a Filipos, comenzó a predicar a Cristo a lo largo de la ciudad. Cuando Lidia oyó del Mesías y lo que Jesucristo había hecho, el Señor le abrió el corazón. Ella se convirtió en uno de los primeros convertidos en Europa. Después de aceptar a Cristo, Lidia se convirtió en una mujer piadosa quien ayudó a la iglesia primitiva de muchas maneras.

La única cura verdadera para la falla del corazón espiritual es permitir que el Señor abra nuestro corazón. Hasta que Dios no abra nuestro corazón, Él no puede llevar a cabo la cirugía espiritual. Dios abrió el corazón de Lidia y lo cambió por un flamante corazón espiritual nuevo. Fue en este día que Lidia nació de nuevo.

"Porque Dios, que mandó que de las tinieblas resplandeciese la luz, es el que resplandeció en nuestros corazones, para iluminación del conocimiento de la gloria de Dios en la faz de Jesucristo" (2 Corintios 4:6). Lidia era una mujer maravillosa. Era una dama de negocios; tal vez era miembro de la Cámara de Comercio de su tiempo. Mientras ella adoraba a Dios de la mejor manera que ella sabía, el Apóstol Pablo comenzó a predicar de Jesucristo, y la luz del glorioso Evangelio vino brillando al corazón de Lidia. El mensaje de Pablo expuso su corazón. Ella se dio cuenta de que era pecadora y entendió que necesitaba aceptar a Jesucristo como su Salvador personal. Lidia no sólo aceptó a Cristo, sino que se bautizó e inmediatamente comenzó a servir al Señor. Dios llevó a cabo un maravilloso "trasplante de corazón" en la vida de Lidia.

Dios Provee un Corazón Nuevo

Dios no se detiene al revelar la condición de nuestro pecaminoso corazón; Él también ofrece corregir el problema. Él da un corazón nuevo a todos aquellos quienes se lo piden. Se les dijo a los hijos de Israel en Ezequiel 36:26, "*Os daré corazón nuevo, y pondré espíritu nuevo dentro de vosotros.*" Segunda Corintios 5:17 dice, "*De modo que si alguno está en Cristo, nueva criatura es; las cosas viejas pasaron; he aquí todas son hechas nuevas.*" Una vez que un hombre le abre su corazón a Jesucristo y es honesto delante de Dios, entonces y sólo entonces, puede aquel hombre ser salvo.

Tal vez usted le ha permitido a la Palabra de Dios que examine y exponga su corazón. Es posible que haya sentido algunas necesidades en su corazón. Quizás usted ve sus defectos delante de Dios y cree que Jesucristo puede hacer algo al respecto. Por favor, no dude responder a la obra de Dios en su corazón. Si usted sabe que su corazón está expuesto y se da cuenta de sus necesidades espirituales, permita que Jesucristo satisfaga esas necesidades.

No hace mucho, un hombre de veintisiete años de edad llamado Reggie Lewis, capitán de los "Celtics" de Boston, estaba jugando un partido de la NBA.[2] De pronto, se cayó al piso. Los doctores no estaban exactamente seguros de lo qué estaba mal con Lewis, así que lo sometieron a varias pruebas. Lewis acudió a trece doctores diferentes del área de Boston. Estos doctores le examinaron por completo para intentar determinar cuál era el problema. Le diagnosticaron una peligrosa falla del corazón y le dijeron que sería muy arriesgado para él al volver a jugar baloncesto otra vez. Fue muy difícil de aceptar este diagnóstico, así que Lewis fue a

---

2   Asociación Nacional de Basquetbol

Los Angeles a consultar con otro médico. Estaba buscando a alguien quien le diera un diagnóstico diferente, y encontró a un doctor en el área de Los Angeles quien le dijo lo que él quería escuchar. Su diagnóstico fue que Lewis estaba experimentando desvanecimientos menores. Él recomendó a Lewis a que regresara al basquetbol e iniciara su recuperación. De regreso en Massachusetts, tan sólo unos días después, Reggie Lewis cayó muerto de un ataque al corazón cuando simplemente estaba tirando a la canasta con algunos amigos.

Usted puede visitar trece o catorce iglesias diferentes hasta que encuentre una donde le dirán lo que usted quiere oír. Usted puede conocer el problema tal y como es expuesto por la Palabra de Dios, pero también se puede rehusar a corregirlo. No importa lo que otros puedan decir o qué diagnóstico pueda recibir, la única cura para un corazón pecaminoso es la mano quirúrgica y amorosa de Dios a través del poder de Su Palabra.

La necesidad de cada momento es que a cada persona le sea examinado el corazón por la Palabra de Dios. Al ser diagnosticadas las necesidades, debemos seguir las recetas de Dios. Algunos necesitan salvación. Necesitan conseguir un corazón nuevo aceptando al Señor Jesús. Algunos necesitan un corazón renovado a través de un acto de confesión personal y regresar a Dios. Lo que la Palabra de Dios revele, debemos de asegurarnos de responder de acuerdo a lo revelado.

CAPÍTULO CUATRO

Un Corazón Para la Oración

¿Está alguno entre vosotros afligido? Haga oración. ¿Está alguno alegre? Cante alabanzas. ¿Está alguno enfermo entre vosotros? Llame a los ancianos de la iglesia, y oren por él, ungiéndole con aceite en el nombre del Señor. Y la oración de fe salvará al enfermo, y el Señor lo levantará; y si hubiere cometido pecados, le serán perdonados. Confesaos vuestras ofensas unos a otros, y orad unos por otros, para que seáis sanados. La oración eficaz del justo puede mucho. Elías era hombre sujeto a pasiones semejantes a las nuestras, y oró fervientemente para que no lloviese, y no llovió sobre la tierra por tres años y seis meses. Y otra vez oró, y el cielo dio lluvia, y la tierra produjo su fruto. Hermanos, si alguno de entre vosotros se ha extraviado de la verdad, y alguno

le hace volver, sepa que el que haga volver al pecador del error de su camino, salvará de muerte un alma, y cubrirá multitud de pecados.—Santiago 5:13–20

Un gran predicador de antaño dijo, "La conversión de un alma es el milagro de un momento, pero la fabricación de un santo es el objetivo de una vida." Si usted ha sido salvo, entonces sabe que esto es verdad. Un día usted escuchó el Evangelio de Jesucristo, se dio cuenta de su necesidad de salvación, y aceptó a Cristo como su Salvador personal. En ese instante, usted fue salvo y llevado de muerte a vida. ¡Gracias a Dios que la salvación es tan sencilla! Aunque la salvación es el milagro de un momento, llegar a ser más como Jesucristo o conformarse a la Palabra de Dios no es algo que suceda en seguida. Desarrollar y mantener un corazón para Dios requiere tiempo y crecimiento bíblico. Mientras más aplique la Palabra de Dios a su vida, más crece con nuestro Señor Jesucristo.

Una de las áreas más importantes en las cuales hemos de desarrollar un corazón para Dios, es la oración. Tener un corazón para Dios no es posible sin la oración. Parece que el concepto de cada quien o la percepción de lo que es la oración es un poco diferente. Desafortunadamente, a menudo esas percepciones no son bíblicas y desalentadoras al propósito real de la oración. Orar no significa repetición vana, recitaciones litúrgicas o rituales, o palabrería sin sentido en idiomas desconocidos.

La mayoría de la gente en la actualidad está desanimada o confundida en lo que a la oración se refiere. Orar al mundo espiritual de Shirley MacLaine, a Gaia (el dios de la tierra), a los tan nombrados santos, o a la Virgen María no logrará nada. De hecho, sólo existe un tipo de oración basada en la Biblia: orar al Padre a través del Hijo en el poder del Espíritu Santo. La oración es el acto de un creyente llegando confiadamente a la presencia de un Dios poderoso de tal manera que puede acercarse a su Dios y recibir gracia y misericordia para sus necesidades diarias. La oración es una de las más grandes maneras de entender y conocer a Dios. Es la única forma para que los cristianos verdaderamente experimenten las bendiciones diarias y la fortaleza que Dios tiene en mente para nosotros.

Sin embargo, Satanás ha confundido nuestro concepto de la oración. Él nos ha ofrecido sutil y engañosamente sustitutos para la verdadera oración. Por ejemplo, la Biblia nunca nos instruye a orar al mundo espiritual. Nunca se nos dice que oremos a María o a ningún otro santo. Aunque la Biblia nos dice que María fue "bendita…entre las mujeres" y que fue una mujer piadosa, nunca nos dice que oremos a ella. Al ver el verdadero propósito de la oración, debemos de renovar nuestro compromiso de orar en conformidad al plan de Dios. La oración bíblica es uno de los aspectos más gozosos y reditables de la vida cristiana.

El Propósito de la Oración

"*La oración eficaz del justo, puede mucho*" (Santiago 5:16). El propósito de la oración es que un cristiano pueda recibir algo, lo cual Dios puede darle. La oración es literalmente pedirle algo a Dios. Santiago 4:2 dice, "*No tenéis lo que deseáis, porque no pedís.*" La vida de oración también incluye adoración, confesión y acciones de gracias como un prefacio para pedir a Dios nuestras necesidades diarias. Desafortunadamente, muchos cristianos no vienen a Dios regularmente y no le piden fortaleza.

Muchas veces esperamos que pase alguna tragedia o dificultad antes de venir a Dios. Si entrara el cáncer a nuestro cuerpo, viniera el homicidio dentro de nuestra casa, o que tocara el SIDA a nuestra familia esta semana, probablemente empezaríamos a orar. Sin embargo, la oración debería ser un proceso diario en nuestras vidas. Nos ha dado una puerta abierta a la presencia de Dios. Él nos invita a que vengamos confiadamente ante Su trono para pedirle Su ayuda y bendición. Misericordia, gracia, bendición, y gozo multiplicado esperan al cristiano quien confiada y regularmente venga al trono de Dios y le pida Su divina ayuda.

Hace algunos meses, una señorita comenzó a asistir a nuestra iglesia. No mucho después de la visita inicial, vino a buscar consejería. Por poco tiempo, llegó a ser muy fiel a Dios y a asistir a la iglesia regularmente. Recientemente se le había hecho la prueba del virus del VIH. Después de la prueba, ella comenzó a rogarle a Dios y a buscar su rostro diligentemente. Después de un poco de tiempo, el resultado de la prueba resultó negativo. Desde luego, todos sentimos alivio, pero hasta el día de hoy, no sabemos nada de ella. Esto es lo que llamamos un cristianismo de "asuntos críticos."

Muy a menudo, nos acercamos a la oración con la misma mentalidad. Yo creo que debemos pedir a Dios aún cuando no existe una crisis. *"Pedid, y se os dará; buscad, y hallaréis; llamad, y se os abrirá. Porque todo aquel que pide, recibe; y el que busca, halla; y al que llama, se le abrirá. ¿Qué hombre hay de vosotros, que si su hijo le pide pan, le dará una piedra? ¿O si le pide un pescado, le dará una serpiente? Pues si vosotros, siendo malos, sabéis dar buenas dádivas a vuestros hijos, ¿cuánto más vuestro Padre que está en los cielos dará buenas cosas a los que le pidan?"* (Mateo 7:7–11). Tengo a un Dios personal en el cielo quien quiere darme cosas buenas si tan sólo se las pido. Como padre de cuatro hijos, uno de los más grandes deleites es dar a mis hijos las cosas que me piden. Mi Padre celestial tiene este mismo deseo.

La Biblia es muy clara en que el propósito de la oración es el de pedirle a Dios. *"Por tanto, os digo que todo lo que pidiereis orando, creed que lo recibiréis, y os vendrá"* (Marcos 11:24). *"Si permanecéis en mí, y mis palabras permanecen en vosotros, pedid todo lo que queréis, y os será hecho"* (Juan 15:7). El propósito de la oración es el pedirle a Dios que le ayude en lo concerniente a las necesidades en su vida. No está mal el venir a Dios en tiempos de emergencia. Gracias a Dios, Él está allí, deseando ayudar en medio de nuestro dilema. No obstante, orar y pedir, debe de hacerse sin cesar.

Orar por los Afligidos

En Santiago 5:13, la Palabra de Dios pregunta, *"¿Está alguno entre vosotros afligido?"* La palabra "afligido" significa "sufriendo algún mal o apuro." No se refiere a aquellos quienes están enfermos, sino a aquellos quienes están enfrentando aflicción o pruebas. Indudablemente, usted conoce a alguien que está lleno de aflicción, que está llevando una carga muy pesada, o que está sufriendo persecución. La Biblia dice que debe orar por esa persona. Aunque Dios no promete quitar la aflicción en cada situación, promete dar fortaleza y gracia. Él "da...gracia" (Santiago 4:6). En otras palabras, Él le dará los recursos espirituales necesarios a una persona que está luchando para manejar la prueba. Cuando usted ora por un hermano afligido, su oración no es en vano.

Orar por los Enfermos

"¿Está alguno enfermo entre vosotros? Llame a los ancianos de la iglesia, y oren por él, ungiéndole con aceite en el nombre del Señor. Y la oración de fe salvará al enfermo" (Santiago 5:14–15). Muchas veces me han preguntado, *"¿Cree usted que Dios puede aún sanar actualmente?"* Siempre mi respuesta es. "¡Absolutamente!" Aunque yo no pongo mi fe en "sanadores de fe," yo pongo mi fe en el Gran Médico, Jesucristo. La oración de fe puede salvar al enfermo. La Biblia es muy clara al respecto. No dice, "¿Está alguno enfermo entre vosotros? Llamemos al sanador divino." El poder para sanar es del Señor.

Han existido tiempos cuando he reunido a un pequeño grupo de hombres piadosos de nuestra iglesia y hemos orado pidiendo que la voluntad de Dios se haga salvando la vida de alguien. Aunque no pretendemos poseer ningún poder sanador, si depositamos nuestra fe en el Médico por excelencia. No sólo creo que esa práctica es bíblica, sino que también creo que Dios honra esta oración de fe.

Recientemente, leí un artículo en el periódico *"Los Angeles Times"* que involucraba una reunión de fe sanadora en el Centro de Convenciones de Anaheim. Un sanador de fe estaba "sanando" gente continuamente. En la manera caótica usual, la gente se caía al piso y tenía toda clase de raras experiencias. En un momento de la reunión, el sanador golpeó la cabeza de una mujer en un aparente intento de sanarle. Ella cayó inmediatamente en los brazos de los asistentes del escenario para morir como treinta segundos después debido a un ataque al corazón.

Tal "acto de sanidad" no es el acto divino del Gran Médico. Cuando Dios sana, sana completamente y eficazmente. El camino que Dios nos ha dado para sanar no es un empujón en la cabeza por un autoproclamado sanador en una convención emocional. Dios ha dado la oración. La oración de fe traída ante un Dios Santo es la clave de la verdadera sanidad dentro de la voluntad y el plan de Dios.

Orar Para Confesar Pecado

La Biblia enseña, ¿*Está alguno afligido? Ore.* ¿Está alguno enfermo? Ore. La Palabra de Dios también nos da la oportunidad de tener perdonados nuestros pecados. Santiago 5:15 dice que si cualquiera está enfermo debido al pecado, puede ser restaurado a través de la oración de confesión. Primera Corintios 11:30 dice, "*Por lo cual hay muchos enfermos y debilitados entre vosotros, y muchos duermen.*" De hecho, algunas personas sufren con una pobre salud porque no viven en el Señor. Algunas enfermedades pueden atribuirse al pecado en el corazón. En estas situaciones, la enfermedad es la represión del Señor. Gracias al Señor, Él nos ha dado la ruta de la oración de confesión. Nos ha invitado a llegar directamente a Su trono, a confesar nuestro pecado, y a pedir que Su mano sanadora restaure nuestra salud. Primera de Juan 1:9 dice, "*Si confesamos nuestros pecados, él es fiel y justo para perdonar nuestros pecados, y limpiarnos de toda maldad.*" Debemos pedir a Dios esta limpieza diaria y perdón. Aunque nuestra salvación y seguridad eterna nunca llegan a ponerse en duda, necesitamos mantener con Dios un compañerismo abierto de manera regular. Justo como una esposa busca restaurar el compañerismo con su esposo en tiempos de desunión, así deberíamos nosotros, como la novia de Cristo, buscar restablecer el compañerismo con Él.

En Santiago 5:17, la Biblia ilustra el punto a través de la vida de Elías, quien "era hombre sujeto a pasiones semejantes a las nuestras." En ocasiones, tenemos un concepto distorsionado de los personajes de la Biblia. Comenzamos a pensar que como ellos tenían alguna clase de habilidad super humana las cosas no les fueron tan difíciles. Si esto fuera verdad, ¿por qué Dios dijo que Elías era uno de nosotros? Dios dijo que Elías tenía las mismas pruebas y sentimientos que nosotros tenemos. Él enfrentó las mismas dificultades y tentaciones que nosotros enfrentamos. Aun así, la vida de Elías nos provee una impresionante ilustración de lo que es pedir. Cuando la nación de Israel le dio la espalda a Dios, Elías oró. Dios contestó su oración, y no llovió por tres años y medio. Más tarde, Elías pidió que descendiera fuego del cielo en el Monte Carmelo, degradando por completo a los falsos profetas de Baal. No mucho después de eso, oró y pidió a Dios que mandara otra vez la lluvia, y llovió.

Elías era un hombre tal como yo soy. Era un hombre con debilidades humanas y fragilidad. Él tenía pecado e imperfecciones; aun así, mantenía una relación cercana con su Dios. El Dios de Elías no ha cambiado. El mismo Dios que contestó la oración de Elías puede contestar mi oración hoy en día.

Eliezer, el siervo de Abraham, fue enviado a la parentela de Abraham para conseguir esposa para Isaac. Entendiendo la importancia de esta tarea, oró pidiendo sabiduría de Dios. Cuando finalmente llegó a la ciudad, no estaba seguro de cómo encontrar a la señorita correcta, así que oró una vez más. Le pidió a Dios que trajera a la señorita correcta a él en el pozo, y que la señorita escogida por Dios, le trajera agua. Le prometió a Dios que si le enviase la señorita correcta, la llevaría a Isaac. Me encanta la forma en que Dios contestó esta oración. La jovencita no sólo le trajo agua a Eliezer, ¡sino que también les trajo agua a todos sus camellos!

La oración es uno de los más grandes privilegios de la vida cristiana. Cuando llegue el momento de encontrar un esposo, encontrar el trabajo correcto, o de tomar decisiones que cambien la vida, debemos venir a Dios, buscar Su sabiduría, y orar por Su enseñanza. Él contestará nuestras oraciones sinceras.

A lo largo de toda la Biblia, Dios contestó las oraciones de Su pueblo simplemente porque se lo pidieron. Como un Padre celestial amoroso, Él disfruta en contestar las oraciones de los Suyos. Dios contestó la oración de una esposa estéril llamada Ana, y le dio un hijo. Dios concedió la petición del ciego Bartimeo, quien le pidió su vista. Dios contestó estas oraciones por el simple hecho de que la gente se lo pidió.

En muchas instancias, la oración es nuestra única vía de esperanza. Si alguna vez vemos avivamiento y sanidad en nuestro país, será porque otra vez aprendimos cómo orar. Si nos humillamos a nosotros mismos, oramos, y buscamos el rostro de Dios, Él oirá desde los cielos y sanará esta tierra. Dios no tiene la obligación de sanar esta tierra cuando Su pueblo no viene a Él en oración. Parece como si escucháramos a todos los locutores de la radio y a todos los programas de entrevistas que dan reportes desalentadores de la condición de nuestro país y que llegáramos a estar sumamente conscientes de la terrible condición de nuestro territorio, pero habíamos fallado en orar. Hasta que hayamos orado, no hemos empezado a ayudar a la condición de nuestro pais.

El propósito de la oración es pedir. Es hora que pidamos a Dios que perdone nuestra apatía y la tibieza de nuestro corazón. Necesitamos pedir que Dios limpie nuestros corazones y sane nuestra tierra. Es hora de que le pidamos a Dios que comience a obrar otra vez poderosamente. Podemos decir "sí" a la invitación de Dios y llevar nuestras peticiones ante un Dios quien se deleita en contestar las oraciones de un hombre justo. Necesitamos llegar a Él con un corazón fresco y renovado, y clamar por Su oferta de perdón y de respuesta a la oración.

La Persistencia de la Oración

El propósito de la oración es pedir, y la oración más eficaz es la oración consistente, persistente.

"*Confesaos vuestras ofensas unos a otros, y orad unos por otros, para que seáis sanados. La oración eficaz del justo puede mucho*" (Santiago 5:16). Note la palabra "eficaz." Esa palabra significa que las oraciones activas, serias y continuas de un cristiano justo, harán la diferencia.

La Oración Eficaz

Dios desea la oración eficaz, o incesante. William Carey dijo, "La oración (secreta, ferviente, de fe), descansa en la raíz de toda piedad." Un corazón para Dios vendrá a través de la búsqueda persistente de Dios. Marcos 1:35 nos dice esto acerca de Jesús: "*Levantándose muy de mañana, siendo aún muy oscuro, salió y se fue a un lugar desierto, y allí oraba.*" Si mi Salvador, el Creador Omnipotente del mundo, oró a Su Padre, ¡cuánto más necesito orar!

La Oración Importuna

Oración importuna significa "oración que es persistente en pedir." Este tipo de oración se debe a las necesidades de su vida, a las necesidades de otros, o a las necesidades de su pais.

La Biblia nos da muchos ejemplos de la oración importuna. En Hechos 12:5, la iglesia primitiva estaba bajo la persecución. La Biblia dice, "*Así que Pedro estaba custodiado en la cárcel; pero la iglesia hacía sin cesar oración a Dios por él.*" Sin cesar, la iglesia oró y pidió a Dios que permitiera que Pedro fuera liberado. Fue durante su reunión de oración que Pedro llegó y tocó a la puerta. Cuando la joven quien abrió la puerta dijo a los cristianos que estaban orando que Pedro estaba allí, ¡no le creyeron! ¡Dios había contestado su oración milagrosamente, y estaban asombrados! Muchos de nosotros reaccionamos de esta manera cuando Dios hace algo especial.

En Lucas 22:44, leemos un relato de Cristo orando encarecidamente por la voluntad de Dios: "*Y estando en agonía, oraba más intensamente; y era su sudor como grandes gotas de sangre que caían hasta la tierra.*" Nunca debemos olvidar que la oración no es para que se haga la voluntad de un hombre en el cielo; más bien es para que se haga la voluntad de Dios en la tierra. Por eso Cristo dijo, "*Pero no se haga mi voluntad, sino la tuya*" (Lucas 22:42).

"*La oración eficaz del justo puede mucho.*" Debemos mantenernos fieles en oración ante Dios. Debemos venir ante Dios y articular encarecidamente nuestras necesidades y deseos. Cuando no podemos expresar nuestras necesidades con palabras, podemos descansar en la intercesión del Espíritu Santo a nuestro favor.

No hace mucho, estaba un hombre en un avión. Después de que había estado en el aire como por una hora, la asistente de vuelo llegó a su asiento con la comida del vuelo. Él aceptó la comida con gratitud y se preparó para sentarse hacia atrás y disfrutar de una relajante cena. Cuando quitó la cubierta de su ensalada, se conmocionó al encontrar una gran cucaracha mirándolo fijamente. En primera instancia, saltó estando un poco asustado. Entonces, se enojó. Rápidamente llamó a la asistente de vuelo y le explicó el incidente. Después de unos momentos llegó a molestarse a tal grado, que habló con el capitán del asunto. Después de su vuelo, decidió escribir una carta al presidente de la aerolínea, y la envió por correo certificado. Como una semana después, recibió respuesta de parte del presidente de la aerolínea.

Una porción de la carta de dos páginas decía algo parecido a esto: "Señor, lamento que esto haya ocurrido. No tenemos registro de que esto haya ocurrido nunca antes. Tenemos los estándares más altos de seguridad y salud, y somos supervisados por muchas agencias. Sin embargo, estamos revisando la situación. Queremos que sepa que hemos amonestado severamente a la asistente de vuelo quien le sirvió esta comida y al jefe de la compañía de abastecimiento de alimentos que la preparó. Estamos revisando todos los procedimientos para averiguar cómo pudo haber sucedido esto. Le aseguro que esto no volverá a ocurrir."

Al leer esta carta, el hombre se sintió satisfecho de que al menos le hayan brindado la debida atención. Entonces notó que su carta original estaba engrapada a la carta de la respuesta. Aparentemente, ésta se le había devuelto sin que se dieran cuenta. Sobre su carta estaba adherida una nota que decía, "Beverly, envíale la carta de las cucarachas."

Cuando se trata de orar, muchos de nosotros hemos estado enviando nuestra "carta de las cucarachas" a Dios. Muchos de nosotros hemos estado ofreciendo repeticiones vanas, metiéndonos en nuestra rutina en nuestra vida de oración. La oración es mucho más que sólo "Padre nuestro…." Debemos de recordar que la oración tiene un propósito, y el propósito es pedir. Muchas veces fallamos al no poner toda nuestra atención cuando oramos. Nos atoramos en alguna clase de hábito o ritual personal en lugar de estar verdaderamente pidiéndole a Dios por nuestras necesidades reales.

Nuestra única esperanza en el presente es que hagamos de la oración una prioridad en nuestras vidas. Sin importar la necesidad, Dios tiene la respuesta, y podemos recibir esa respuesta a través de la oración. Nuestra oración puede ser por un hijo caprichoso, por una hija desafiante, por una esposa rebelde, por un esposo que ha recaído en el pecado, o inclusive por las necesidades de nuestro país. La Biblia promete: *"La oración eficaz del justo puede mucho."*

El Requisito de la Oración

No sólo hay un propósito para la oración, sino que también existe un requisito para la oración. La Biblia dice en Santiago 5:16, *"La oración eficaz del justo puede mucho."* ¿De quién son las oraciones que pueden mucho? Las oraciones de un hombre o mujer justo pueden mucho.

Justicia Posicional

¿Qué es lo que significa exactamente el término *justicia*? La justicia posicional es la justicia que recibimos cuando aceptamos a Cristo como Salvador. Romanos 10:10 dice, *"Porque con el corazón se cree para justicia, pero con la boca se confiesa para salvación."* Cuando creemos completamente en el Señor Jesucristo y confiamos en Él como Salvador, ¡somos justificados completamente delante de Dios! Romanos 4:25 dice que Cristo "fue entregado por nuestras transgresiones, y resucitado para nuestra justificación." Algunos lo llaman ser "salvo." Otros lo llaman, como Cristo lo llamó, ser "nacido de nuevo." En Romanos 10, se le refiere como "creer en Cristo." La palabra *creer* significa más que tan sólo asentir mentalmente; involucra una confianza total. Cuando alguien llega a un momento en su vida cuando puede decir, "Señor Jesús, no puedo perdonar mi propio pecado. Confío totalmente en Ti, para perdonar mi pecado, confío en Ti como mi Salvador," es declarado justo por Dios. "*Porque con el corazón se cree para justicia.*"

Cuando creemos en el Señor, la justicia de Dios es contada judicialmente a nuestra cuenta. Esta declaración no se realiza debido a nuestros méritos, sino por la sangre de Cristo. En Cristo, somos declarados justos. Dios ya no nos ve como pecadores merecedores del infierno. Dios nos ve como Sus hijos justos. Como Sus hijos justificados, Dios escucha y responde a nuestras oraciones.

Si usted no está completamente seguro de que es salvo, de que la justicia de Dios ha sido aplicada a su cuenta a través de Jesucristo, usted no puede tener la confianza de que sus oraciones serán oídas o contestadas. Antes que Dios escuche o atienda sus oraciones, usted debe tener una cuenta de justicia delante de Él.

Justicia Práctica

No sólo hay justicia posicional que llega a nosotros cuando somos salvos, sino que también hay justicia práctica. En otras palabras, aunque un hombre ha sido salvo y declarado justo,

Dios dice aún: "*Sed santos, porque yo soy santo*" (1 Pedro 1:16). Dios quiere que todos los cristianos tengan un corazón para Él y que andemos en justicia. La Biblia es muy clara en que, aunque seamos salvos, nuestra vida de oración será estorbada si vivimos en contra de Dios. Dios quiere que cada cristiano tenga un estilo de vida santo. Cuando un área de nuestra vida está en oposición a la voluntad de Dios, nuestras oraciones se estorban. La condición de nuestro matrimonio, nuestro andar personal con Cristo, nuestra familia, y nuestro trabajo afectan dramáticamente nuestras oraciones. No debemos vivir ni siquiera un día sin el poder de Dios sobre nuestras vidas. Esto es santidad práctica.

La Biblia dice en 1 Juan 3:22 que si queremos que nuestras oraciones sean contestadas, debemos guardar los mandamientos de Dios. Si estamos violando un mandamiento de Dios, aunque sea tan simple como el bautismo o la membresía de la iglesia o tan complejo como la drogadicción o la inmoralidad, no podemos esperar respuesta a nuestra oración. Debe haber una justicia práctica que sostenga nuestra vida de oración. "*La oración eficaz del justo puede mucho.*"

El Salmo 66:18 dice, "*Si en mi corazón hubiese yo mirado a la iniquidad, El Señor no me habría escuchado.*" Dios dice que si en nuestro corazón hay pecado, maldad, o pensamientos impíos, Él no nos escuchará. Nuestro pecado debe ser confesado y dejado. Sólo entonces podremos venir a Dios confiadamente y esperar que Él conteste nuestras oraciones. ¡La oración es esencial! Estar un poco *con* Dios es ser poco *para* Dios. Si pasamos poco tiempo con Dios, seremos poco en nuestra eficacia para Dios. Debemos prepararnos para tener una vida de oración exitosa. Primero, debemos ser salvos y estar seguros que pasaremos la eternidad en el Cielo. Debemos ser declarados justos posicionalmente delante de Dios. Segundo, todo debe estar bien entre nuestro Salvador y nosotros. Nuestro pecado necesita confesarse a Dios. Si nuestra relación con Dios es lo que debiera ser, inmediatamente debemos comenzar a tener un corazón para la oración, encontrándonos regularmente con nuestro Dios para pedir Su ayuda en nuestras vidas. Unámonos en una vida de oración consistente y persistente. Necesitamos orar juntos encarecidamente por nuestro país, nuestras iglesias, y nuestras familias mientras aún haya tiempo.

CAPÍTULO CINCO

Buscando a Dios Con Todo Nuestro Corazón

Pero cuantas cosas eran para mí ganancia, las he estimado como pérdida por amor de Cristo. Y ciertamente, aun estimo todas las cosas como pérdida por la excelencia del conocimiento de Cristo Jesús, mi Señor, por amor del cual lo he perdido todo, y lo tengo por basura, para ganar a Cristo, y ser hallado en él, no teniendo mi propia justicia, que es por la ley, sino la que es por la fe de Cristo, la justicia que es de Dios por la fe; a fin de conocerle, y el poder de su resurrección, y la participación de sus padecimientos, llegando a ser semejante a él en su muerte, si en alguna manera llegase a la resurrección de entre los muertos. No que lo haya alcanzado ya, ni que ya sea perfecto; sino que prosigo, por ver si logro asir aquello para lo cual fui también asido por Cristo Jesús. Hermanos, yo mismo no pretendo haberlo ya alcanzado; pero una cosa hago: olvidando ciertamente lo que queda atrás, y extendiéndome a lo que está delante, prosigo a la meta, al premio del supremo llamamiento de Dios en Cristo Jesús.—Filipenses 3:7–14

Un joven de dieciocho años de edad fue a ver una película llamada *El Programa* con algunos de sus amigos en Polk, Pennsylvania. En esta película, el protagonista se acostó sobre la línea amarilla de la autopista mientras los autos pasaban por ambos lados. Los jóvenes miraron con asombro la valentía. Pocos días después, uno de estos jóvenes "cinéfilos" fue a la carretera 62 en Polk, Pennsylvania. Allí, mientras sus amigos observaban, se esforzaba por ganar su aceptación y alabanza. Se acostó sobre las líneas amarillas de la carretera 62. La trágica historia de las noticias reportaron que aquel joven murió instantáneamente cuando un camión pasó encima de él. Parece que él consideraba a todas las demás cosas como pérdida sólo para ganar el favor y la aceptación de sus amigos. No había nada más importante en la vida para él que impresionar a otros y ser aceptado por otros por sus esfuerzos.

La Biblia nos dice que Pablo, antes de su conversión en camino a Damasco, vivía una vida muy temeraria. Vivía para su placer y en búsqueda de los elogios de los demás. Pablo era un hombre muy astuto en la sociedad. Él era literato, refinado, y tenía una gran notoriedad religiosa. Aún así, esto no era suficiente. De alguna manera quería mostrar a otros que él era un zelote religioso, que él era un hombre más importante que los demás. Una de las maneras que hacía esto, era por perseguir a la iglesia.

Pablo estaba empeñado en agradar a los demás y realzarse a sí mismo. Él metía a cristianos a la cárcel y les causaba daño. Inclusive él estaba involucrado en darles muerte a algunos. Fue un día asombroso cuando Pablo conoció a Jesucristo como su Salvador. Verdaderamente, las cosas viejas pasaron, y todas fueron hechas nuevas.

Hay algunos principios importantes que podemos aprender de Pablo. En una época de su vida, él estaba buscando su placer y la alabanza del mundo; pero se convirtió en una nueva criatura en Cristo. En Filipenses 3:7 dijo, "*pero cuantas cosa eran para mí ganancia, las he estimado como pérdida por amor de Cristo*." De este punto en adelante, comenzó a conocer a Dios con todo su corazón.

Su Compromiso con Cristo

Pablo tenía un fuerte compromiso con Jesucristo. En Filipenses 3:7, Pablo dice que todo el reconocimiento judío y el orgullo que él abrazaba nacionalmente no significaban nada una vez que pensaba en ello. Aunque había sido educado a los pies de algunos de los más grandes maestros de su tiempo, dijo que eso no significaba nada cuando pensaba en Jesucristo. Fue un fariseo y tenía notoriedad religiosa. Aún así, ahora decía que las religiones del mundo no significaban nada para él. Estimaba a todo como pérdida.

Existen muchos "reverendos" quienes predican mensajes contrarios a esto. Van a través de este país animando a los jóvenes a que encuentren sus raíces, a que tengan algún tipo de orgullo étnico. Pablo dijo que mientras más conocía a Cristo, le importaba menos todo eso. Mientras más aprendía de Cristo y de lo que hizo por él, le preocupaba menos jactarse de su carne. Sólo quería glorificar al Señor Jesucristo. Las cosas de las cuales estaba orgulloso, sus logros y los lugares donde había estado, no significaban nada para él. La herencia terrenal de Pablo no le importaba.

En el presente, la gente presume de su religión, de sus buenas obras, del servicio de sus antepasados a Dios, o del hecho que una vez enseñaron las clases de la escuela dominical. Pablo estaba totalmente comprometido con Jesucristo y deseaba ensalzar solo el nombre de Cristo.

El salmista declaró, *"Bienaventurados los que guardan sus testimonios, Y con todo el corazón le buscan"* (Salmos 119:2). Salmos 119:10 dice, *"Con todo mi corazón te he buscado."* Cuando Pablo fue salvo, simplemente dijo que no quería gastar más de su tiempo aprendiendo de una religión de hombres, ni quería aprender más de cómo perseguir a los cristianos. Él quería que todo su corazón fuera tomado a conocer al Señor Jesucristo íntimamente y servirle más eficazmente.

¿Cómo se compara su compromiso a Cristo con el de Pablo? No debería decir, Estimo todas las cosas como pérdida, excepto el primer y tercer domingo de cada mes, los dos amigos que me alejan de la fe, y eso que cuenta especialmente. Estos son míos." Pablo dijo, "Estimo **todas** las cosas como pérdida."

Algunos hombres, mientras salían con alguien, estimaban todo como pérdida con tal de encontrar a una esposa. Recuerdo cuando salía con Terrie antes de que fuera ella mi esposa. Nos la pasábamos muy bien. Tenía algunos amigos con quienes jugaba basquetbol; sin embargo, los estimé como pérdida cuando me enamoré de Terrie. El dinero no era problema. No importaba si tenía que brincarme el almuerzo durante una semana después de una de nuestras citas; pensaba llevar a Terrie a cenar de parrillada y postre, comprar recuerdos, y crear cosas qué recordar. ¡Los amigos tenían que esperar! ¡El dinero tenía que gastarse! ¡Ella podía pedir todo lo que quisiera! Yo quería llegar a conocerla. Si ella decía que necesitaba pasar tiempo conmigo, dejaba mi tarea. Estimaba todo como pérdida porque quería conocerla aún más. Ella era, y aún es, el amor de mi vida. Esa es la manera en la que Pablo dirigió su relación con el Señor Jesucristo.

"Pero cuantas cosas eran para mí ganancia, las he estimado como pérdida por amor de Cristo." Jim Elliot, el famoso misionero que murió en Sudamérica, dijo, "No es necio aquel que da lo que no puede conservar para ganar lo que no puede perder." Cuando usted sacrifica diversión o deportes por el estudio bíblico, vale la pena el sacrificio. Pablo dijo, *"Estimo todas las cosas como pérdida,"* de manera que pudiera conocer y entender la presencia de su Salvador mejor. Nada le importaba tanto como su relación con Jesucristo.

Su Conformidad a Cristo

Pablo era un hombre que quería entender a su Salvador más y más y quería ser como Cristo. A menudo se le llama a esto "conformidad a Cristo."

El Conocimiento de Cristo

Filipenses 3:8 dice, *"Y ciertamente, aun estimo todas las cosas como pérdida por la excelencia del conocimiento de Cristo Jesús, mi Señor."* Note la frase "el conocimiento de Cristo." Pablo conocía al Señor Jesús como su Salvador personal. Cuando hablaba acerca del conocimiento de Cristo, no se refería al mero conocimiento intelectual. Hablaba acerca de una relación personal. Jesucristo era su Salvador personal. Cristo dijo en Juan 17:3, "*Y ésta es la vida eterna: que te conozcan a ti, el único Dios verdadero, y a Jesucristo, a quien has enviado.*" Pablo le conocía espiritualmente en su corazón y era conformado a Cristo en su andar diario.

Notemos Filipenses 3:8, "*Por amor del cual lo he perdido todo, y lo tengo por basura, para ganar a Cristo.*"

Pablo dijo que si había cualquier cosa entre él y el conocer a Cristo de una mejor forma, lo arrojaría al montón de basura. En lo que a él se refería, cualquier otra cosa hubiera sido un desperdicio.

¿Tiene usted el conocimiento de Jesucristo como su Salvador? ¿Está usted creciendo en su relación con Jesucristo de tal manera que las cosas de este mundo se oscurecen y Jesucristo brilla más y más?

La Justicia de Cristo

Debido a que Pablo conocía a Jesucristo como su Salvador, también tenía el maravilloso gozo de poseer la justicia de Cristo. Filipenses 3:9 dice, "*Y ser hallado en él, no teniendo mi propia justicia, que es por la ley, sino la que es por la fe de Cristo, la justicia que es de Dios por la fe.*" Cuando usted acepta a Cristo como su Salvador personal, usted es declarado justo debido a su sacrificio. Pablo no sólo poseía el conocimiento de Cristo como su Salvador, sino que tenía la misma justicia de Cristo aplicada a su cuenta el momento que fue salvo. Usted no tiene la justicia de Dios al poner su fe en una iglesia o en un ritual; en lugar de eso, cuando usted pone su fe en Cristo, Su justicia se aplica a su favor.

Romanos 4:4 nos dice, "*Pero al que obra, no se le cuenta el salario como gracia, sino como deuda.*" En otras palabras, si usted dice que va a ganar la justicia de Dios por ir a la iglesia y ser bautizado, usted trabaja bajo una suposición falsa. Dios no le salva debido a que Él le deba algo o porque usted haya ganado algo. Si eso fuese así, la salvación no sería un don gratuito. "*Porque por gracia sois salvos por medio de la fe; y esto no de vosotros, pues es don de Dios*" (Efesios 2:8). Romanos 4:5 dice, "*Mas al que no obra, sino cree en aquel que justifica al impío, su fe le es contada por justicia.*" Cuando usted viene al Señor y dice, "Señor, me doy cuenta que mis obras no son suficientes. Pongo mi fe en Ti, y en Tu obra terminada en el Calvario," su fe es contada por justicia.

Pablo dijo que sabía que el Señor era su Salvador. La justicia de Cristo había sido aplicada a su favor, y un día pasaría la eternidad en el cielo. Pablo no merecía ser salvo. Era un asesino y un hombre perverso. Ninguno de nosotros merece ser salvo, pero Jesucristo dijo en amor y gracia que si confiamos en Él como Salvador, la justicia de Dios será aplicada a nuestra cuenta.

El Compañerismo de Cristo

El deseo de Pablo era conocer a Cristo. Filipenses 3:10 dice, "*A fin de conocerle, y el poder de su resurrección, y la participación de sus padecimientos, llegando a ser semejante a él en su muerte.*" Si usted va a lograr conocer a alguien, usted debe pasar tiempo con él. Cuando alguien verdaderamente ha nacido de nuevo, hay un deseo en su corazón de conocer la Palabra de Dios y de aprender más acerca del Señor Jesucristo. Hay hambre por las cosas de Dios. Si usted es cristiano y no tiene hambre por la Palabra de Dios, debe preguntarse honestamente a sí mismo sobre lo que está alimentándole en su vida que está quitándole su apetito espiritual.

El versículo 10 nos dice que Pablo tenía un deseo de conocer al Señor Jesucristo y el poder de Su resurrección. La obra que Dios nos ha llamado a realizar es demasiado grande para nosotros para hacerla en el poder de nuestra carne, pero todas las cosas son posibles en el poder del Cristo resucitado. Pablo dijo en Gálatas 2:20, "*Mas vive Cristo en mí.*" Jesucristo, a través del Espíritu de Dios, vive en el alma de cada creyente, permitiéndonos a los creyentes conocer Su poder y presencia día tras día.

Pablo no pidió sólo más poder, sino también "la participación de sus padecimientos." Pablo se dio cuenta que el compañerismo con Cristo tomaría lugar en los "momentos de gloria" cuando el poder de Dios sería evidente, de la misma manera que en los tiempos de sufrimiento. Nuestros padecimientos, pruebas, luchas familiares, y problemas de trabajo nos ayudan a conocer a Dios de una manera única. A menudo, un corazón para Dios se desarrolla durante tiempos difíciles. "*Y también todos los que quieren vivir piadosamente en Cristo Jesús padecerán persecución*" (2 Timoteo 3:12).

Si usted está intentando crecer en el Señor y tiene un miembro de la familia, colaborador, o un vecino que le critica y le ridiculiza por su deseo de conocer al Señor de una forma superior, no se desanime. Muchas veces Dios le hará crecer en su fe a través de tales críticas y burlas.

Su Comienzo del Servicio Cristiano

Hemos visto el compromiso de Pablo con Cristo, su conformidad a Cristo, y ahora, el comienzo de su servicio para

Cristo. ¿Exactamente cuándo comienza el verdadero servicio cristiano? Pablo dijo, *"Hermanos, yo mismo no pretendo haberlo ya alcanzado; pero una cosa hago: olvidando ciertamente lo que queda atrás, y extendiéndome a lo que está delante, prosigo a la meta, al premio del supremo llamamiento de Dios en Cristo Jesús"* (Filipenses 3:13–14). Pablo comenzó a hacer cosas grandiosas para Dios inmediatamente después que fue salvo y estimó todas las cosas como pérdida por amor de Cristo. Jesucristo se convirtió en su Salvador y Señor. Por eso pudo decir, "Una cosa hago." Debido a su voluntad a conformarse a la imagen de Cristo, inmediatamente comenzó su servicio cristiano.

El versículo 13 nos dice cómo era que Pablo planeaba lograr sus metas para Cristo. *"Pero una cosa hago, olvidando ciertamente lo que queda atrás."*

"Olvidando Ciertamente lo que Queda Atrás"
Vivir en el pasado arruinará su futuro. Quizás alguien le ha ofendido o herido. Tal vez algún pastor no le trató apropiadamente, o algún cristiano no vivió bien. No permita que la amargura de una situación del pasado asole su futuro. Pablo pudo haber dicho, "No soy otra cosa que un asesino fatal, y estoy lleno de orgullo; no puedo servir a Dios." En lugar de eso, dijo, "Pero una cosa hago, olvidando ciertamente lo que queda atrás." Su pasado no necesita ser discutido o analizado. ¡Su pasado necesita ser dejado en la cruz a través de la oración!

"Extendiéndome a lo que Está Delante"
"Olvidando ciertamente lo que queda atrás, y extendiéndome a lo que está delante." Sabemos que Cristo regresa pronto.

¡Mantengámonos ocupados hasta que Él venga! Los cristianos de hoy en día son tan fatalistas; dicen, "¿Ve usted todos los amotinamientos, todas la guerra, y todos los terremotos? ¡Tan solo intentaremos aguantar hasta que Cristo venga!" en lugar de dar entrada al fatalismo, debemos determinar vivir fervientemente hasta que Cristo venga. Pablo dijo que él iba a lograr algo con su vida. Él iba a alcanzar "aquellas cosas **que están delante.**" Justo como un equipo de fútbol americano debe "salir" a ganar cuando el marcador está empatado en la pausa de los dos minutos, Pablo nos desafía a aumentar el ardor, para nuestro Señor. Hay muchas iglesias que tienen un legado o un nombre, pero no podemos vivir en un nombre del pasado. Pablo dijo, *"Olvidando ciertamente lo que queda atrás, y extendiéndome a lo que está delante."*

Prosiguiendo Hacia la Meta

Pablo dijo en el versículo 14, "Prosigo a la meta, al premio del supremo llamamiento de Dios en Cristo Jesús." Dios no eligió esta terminología por equivocación. La vida cristiana es una carrera para ser ganada. Pablo describe la vida cristiana como una carrera con Jesucristo como el destino final. Dijo que estaba prosiguiendo en el camino hacia arriba. Estaba alcanzando nuevas alturas cada día.

Nuestro objetivo debe ser el proseguir a la meta hasta que Cristo nos presente las recompensas de una vida cristiana fiel en las recompensas de Cristo. Entonces podremos poner nuestras recompensas a Sus pies.

Cualquiera puede iniciar en la vida cristiana, pero requiere compromiso total de uno con Cristo Jesús, requiere de alguien que se comprometa a Cristo día tras día para permanecer en la carrera hasta que Cristo venga.

Es trágico ver las bajas, abandonos, y aquellos que caen al lado del camino. ¡Termine la carrera que ha sido puesta delante de usted!

"*Por tanto, nosotros también, teniendo en derredor nuestro tan grande nube de testigos, despojémonos de todo peso y del pecado que nos asedia, y corramos con paciencia la carrera que tenemos por delante, puestos los ojos en Jesús, el autor y consumador de la fe, el cual por el gozo puesto delante de él sufrió la cruz, menospreciando el oprobio, y se sentó a la diestra del trono de Dios*" (Hebreos 12:1–2). Cuando usted se sienta incapaz de proseguir adelante por más tiempo, recuerde que Jesucristo ya ha corrido la carrera antes que usted; Él lo ha hecho posible para que usted lo logre. Sus brazos están extendidos para darle la bienvenida cuando usted llegue, y Él quiere que usted termine la carrera. Al comenzar la carrera del servicio cristiano, comenzará a ver a la gente como Dios la ve. Tal vez nuestros corazones nunca estén más cerca al de Dios que cuando servimos a otros en el poder de Su Espíritu.

De vuelta en Polk, Pennsylvania, otros dos muchachos también habían visto *El Programa*. Estos muchachos tenían diez y catorce años de edad, y decidieron hacerse famosos. Ellos también se acostaron sobre la línea amarilla mientras los autos iban y venían. Por la gracia de Dios, no sufrieron ningún daño.

Si no tenemos cuidado, podríamos ser como estos jovencitos. Intentaremos recibir nuestro placer, gozo, y emoción de las cosas que este mundo tiene que ofrecer. Tal vez intentemos recibir la alabanza de los hombres o las posesiones de este mundo, pero seremos tan necios como aquellos jovencitos a menos que reconozcamos lo que Cristo ha hecho y determinemos estar totalmente comprometidos con Él.

Podemos horrorizarnos por los jovencitos acostados sobre la línea amarilla, pero ¿qué de los mayores que conducen mientras están ebrios? ¿Qué de los cristianos en el presente quienes no están en la casa de Dios y quienes no tienen amor para Cristo es sus corazones? Fallar en amar a Cristo es tan insensato como acostarse sobre la línea amarilla.

¿Está usted buscando a Dios con todo su corazón? ¿Quiere una relación con el Señor Jesucristo que es más dulce cada día? ¿Está usted **comprometido** con Él? ¿Las cosas de este mundo son como pérdida cuando usted piensa en Cristo? ¿Se está **conformando** a Él día tras día y está creciendo en su justicia y en la participación de Sus padecimientos? ¿Está usted **sirviendo** a su Salvador? ¿Ha determinado, aunque usted no sea el más rápido ni el mejor, **estar allí** sirviendo a Dios cuando Cristo venga? ¡El cristiano quien busca a Dios con todo su corazón estará sirviendo al Señor cuando Él regrese!

CAPÍTULO SEIS

El Corazón de Dios para Usted

Estas cosas habló Jesús, y levantando los ojos al cielo, dijo, Padre, la hora ha llegado; glorifica a tu Hijo, para que también tu Hijo te glorifique a ti; como le has dado potestad sobre toda carne, para que dé vida eterna a todos los que le diste. Y esta es la vida eterna: que te conozcan a ti, el único Dios verdadero, y a Jesucristo, a quien has enviado. Yo te he glorificado en la tierra; he acabado la obra que me diste que hiciese. Ahora pues, Padre, glorifícame tú al lado tuyo, con aquella gloria que tuve contigo antes que el mundo fuese. He manifestado tu nombre a los hombres que del mundo me diste; tuyos eran, y me los diste, y han guardado tu palabra. Ahora han conocido que todas las cosas que me has dado, proceden de ti; porque las palabras que me *diste, les he dado; y ellos las recibieron, y han conocido verdaderamente que salí de ti, y han creído que tú me enviaste. Yo ruego por ellos; no ruego por el mundo, sino por los que me diste; porque tuyos son, y todo lo mío es tuyo, y lo tuyo mío; y he sido glorificado en ellos. Y ya no estoy en el mundo; mas éstos están en el mundo, y yo voy a ti. Padre santo, a los que me has dado, guárdalos en tu nombre, para que sean uno, así como nosotros. Cuando estaba con ellos en el mundo, yo los guardaba en tu nombre; a los que me diste, yo los guardé, y ninguno de ellos se perdió, sino el hijo de perdición, para que la Escritura se cumpliese. Pero ahora voy a ti; y hablo esto en el mundo, para que tengan mi gozo cumplido en sí mismos. Yo les he dado tu palabra; y el mundo los aborreció, porque no son del mundo, como tampoco yo soy del mundo. No ruego que los quites del mundo, sino que los guardes del mal. No son del mundo, como tampoco yo soy del mundo. Santifícalos en tu verdad; tu palabra es verdad.*—Juan 17:1–17*

En un mundo que está cambiando y deteriorándose a un paso muy rápido, necesitamos dedicarnos a Aquel quien nunca cambia. Quizás ayudará si comprendemos Su corazón para nosotros de tal modo que podamos responder de la misma manera. La Biblia nos da hoy un vistazo de cuánto nos ama Dios y qué desea para nosotros.

En Juan 17, llegamos a la oración de Jesucristo por Su pueblo. Ésta es la oración más larga en la Biblia. Y se le puede dividir en varias secciones. En los primeros versículos, Cristo ora al Padre por Su bienestar. Entonces ora específicamente por Sus discípulos a quienes dejarán la tierra. Más tarde, Cristo ora por aquellos quienes aún no han llegado al rebaño, lo cual incluiría a aquellos quienes aun estaban perdidos cuando Él oró. Cuando alguien toma tiempo para orar por algo, se debe generalmente a que es algo importante para él. Si alguien toma tiempo de su agenda ocupada, se levanta un poco más temprano o se queda despierto un poco más tarde para orar y hablar a Dios acerca de algo, su petición normalmente involucra una profunda preocupación en su corazón.

¿Alguna vez ha tenido alguna carga pesada por la cual orar? Siendo estudiante de preparatoria, fui a las Filipinas con algunos predicadores. Algunas reuniones se llevaban a cabo en Luzón, una provincia al norte. Nuestro grupo aterrizó en Manila en un 747, caminamos cruzando el aeropuerto, y nos subimos a un pequeño avión Cessna para cinco personas. Nunca olvidaré cuando entré en aquel avión porque lo primero que noté cuando miré al panel de instrumentos de vuelo ¡fue que no había instrumentos! Sólo había unos hoyos donde se suponía que debían estar los indicadores. El piloto sí tenía lentes para el sol. También tenía un acelerador, pero eso era prácticamente todo lo que tenía; por eso, no tenía mucha confianza en el vuelo. Uno de los predicadores medía 1:95 metros y pesaba 114 kilos. Cuando lo miré, ¡estaba pálido de miedo sólo por sentarse en el avión!

Cuando finalmente despegamos y subimos en el aire, ¡nunca había visto tantas nubes en mi vida! En las Filipinas hay muchas montañas y varios picos de tipo de un volcán, especialmente en las provincias al norte. Se suponía que debíamos volar por encima de algunas de esas montañas y aterrizar en la ciudad Baguio sobre una pequeña pista de aterrizaje. Gradualmente nos empezamos a dar cuenta que el vuelo de hora y media ya había tomado tres horas. El piloto dijo finalmente, "Tengo problemas en encontrar un agujero en estas nubes para bajar sobre la pista de aterrizaje." De vez en cuando, el avión llegaba a estar muy, pero muy cerca a uno de esos picos de las montañas. Comenzó a hablar por radio con la gente en la torre. No pude entender lo que se estaba diciendo porque estaban hablando Tagalo, pero sí entendía nuestra arriesgada situación. Recuerdo ese día muy vívidamente como uno de los tiempos de oración más valiosos de mi vida. Comencé a orar, "Dios, si Tú quieres, tan solo ponme en tierra, si Tú quieres sólo permítenos aterrizar, seré lo que Tú quieras que yo sea. Iré a dondequiera que Tú quieras que yo vaya, Dios; ¡solo déjanos vivir!" estaba orando desde mi corazón. Finalmente, aterrizamos en San Fernando y manejamos hasta la ciudad de Baguio. Es triste que a menudo esperemos hasta que haya una emergencia para que oremos.

Jesucristo, después de que dejó el Aposento Alto, fue rumbo a Getsemaní cuando se detuvo para orar en algún sitio entre esos dos lugares. Esta oración fue algo que Él realmente quería que nosotros supiéramos y entendiéramos. En Juan 17:1, Cristo simplemente dijo, "Padre, la hora ha llegado." Expresa el hecho que es el preciso momento para que Él sea ofrecido como el Sacrificio por los pecados del mundo.

El Corazón de Dios Es para Nuestra Salvación

Primero que nada, consideremos al Señor y Su corazón para nuestra salvación. Dios tiene un corazón (anhelo) para que cada hombre sea salvo. Vemos este deseo en Juan 17:2–3, *"Como le has dado potestad sobre toda carne, para que dé vida* eterna a todos los que le diste. Y esta es la vida eterna: que te conozcan a ti, el único Dios verdadero, y a Jesucristo, a quien has enviado." Juan 3:16 dice, "Porque de tal manera amó Dios al mundo, que ha dado a su Hijo unigénito, para que todo aquel que en él cree, no se pierda, mas tenga vida eterna." La Biblia dice que Él no quiere que ninguno perezca. Lucas 19:10 dice, "Porque el Hijo del Hombre vino a buscar y a salvar lo que se había perdido." El deseo que Jesucristo tiene para cada hombre, mujer, niño, y niña es que conozcan la vida eterna y al Padre que está en el cielo.

Al inicio de Su oración en Juan 17:3, Cristo se refirió a la vida eterna con estas palabras "que...conozcan;" y esto indica que toda persona puede saber con seguridad que tiene vida eterna. El Padre sabe quién recibirá y quién rechazará la vida eterna, pero nosotros no sabemos eso. Spurgeon dijo, "Dios ha de saber, pero yo no sé, así que voy a decirles a todos." Jesucristo quiere que todos sean salvos. Cristo vino a buscar y a salvar lo que se había perdido. Vino a encontrar a todos los que iban en su propio camino, haciendo lo suyo, para mostrarles que deben confiar en Su obra de salvación ya consumada.

Hace varios años, cuando nuestra hija-Danielle tenia tres años, fuimos a un centro comercial al norte de California. Cargábamos a Larry, quien entonces era tan solo un bebé, mientras andábamos por un almacén. Usted sabe cómo son los niños de tres años; pueden andar por allí y desaparecer rápidamente. Antes de que mi esposa y yo nos diéramos cuenta, Danielle había desaparecido. Para cualquier padre es un sentimiento escalofriante que de pronto no sea capaz de encontrar a sus hijos. Cuando nos dimos cuenta que había desaparecido, nos dio pánico.

Comenzamos a buscar frenéticamente en la tienda en un intento por encontrar a nuestra hija.

Finalmente, después de unos siete u ocho minutos, pasé al lado de algunos vestidos y escuché un susurro debajo del perchero. Entonces, Danielle sacó la cabeza de entre dos vestidos y dijo, "¡Peek-a-boo!" ese era nuestro juego en aquél entonces. Cuando la vi, la levanté. Le quería castigar y abrazar al mismo tiempo. Como no podía decidir qué hacer, sólo la tomé cerca de mí. Cuando Danielle desapareció durante esos pocos minutos, no me importó el auto, mi trabajo, o mis compras. ¡No me importó nada, excepto encontrar a mi hijita!

La Vida Eterna A Través de Dios el Padre y Dios el Hijo

Un día, Jesucristo decidió en el cielo que nada importaba tanto como nosotros. Él dejó la gloria celestial y el compañerismo con el Padre y vino a la tierra porque nos amó. Jesucristo tiene un corazón para nuestra salvación. Él vino a buscarnos y a salvarnos de nuestro pecado. La vida eterna viene de Dios a través de nuestro Señor Jesucristo. Eso es lo que Cristo quiso decir cuando dijo en Juan 17:3, "*Y a Jesucristo, a quien has enviado.*" La vida eterna no proviene de la iglesia, de las aguas bautismales, o de sus buenas obras. Ésta viene directamente de Dios. "*Yo soy el camino, y la verdad, y la vida; nadie viene al Padre, sino por mí*" (Juan 14:6). Llegamos al Padre a través de Jesucristo.

En la actualidad, mucha gente anda insegura de la vida eterna; no están seguros si algún día irán al cielo o no. Gente con estudios, gente religiosa, e incluso gente que ha leído la Biblia y que son miembros de iglesias no saben, sin lugar a dudas, dónde pasarán la eternidad cuando mueran. Si usted no sabe si pasará la eternidad en el cielo, Cristo quiere que usted tenga la seguridad. No sólo es la vida por toda la eternidad; es la seguridad eterna hoy para cada creyente.

Seguridad Eterna para Todos los Creyentes

La Biblia dice en Juan 17:11, "*Y ya no estoy en el mundo; mas éstos están en el mundo, y yo voy a ti. Padre santo, a los que me has dado, guárdalos en tu nombre.*" Cuando usted aceptó a Jesucristo como su Salvador, se le puso en las manos de Dios, y Él ahora le está cuidando. Si usted tuviera que mantener su salvación sería como el evangelista de la televisión quien dijo que él era salvo un día, perdido otro día, ¡y salvo otra vez la semana siguiente! Sin embargo, si usted ha depositado su fe en Jesucristo, es un "trato hecho." ¡Usted es salvo! Usted no tiene que preocuparse o preguntarse acerca de su salvación. Desde luego, eso no es una excusa para pecar. No obstante, si usted cree que tiene que hacer cualquier otra cosa además de confiar en Jesucristo para ser salvo, usted no está confiando completamente en Jesucristo. Cuando usted es salvo, está en las manos del Padre. La Biblia nos enseña que no debemos usar nuestra gracia como una licencia para pecar. De hecho, eso es lo que la Biblia quiere decir en Juan 10:29, cuando dice, "*Mi Padre que me las dio, es mayor que todos, y nadie las puede arrebatar de la mano de mi Padre.*" Si usted es salvo, usted está en la mano de Dios el Padre; nadie, incluyendo al diablo, puede quitarlo de la mano de Dios. ¡Gracias a Dios! Su corazón se muestra a nosotros en una oración que dice, "Dios, estos son quienes tienen vida eterna. Ellos han depositado su fe en mí."

Recuerdo la primera iglesia que Dios me permitió pastorear cuando aún asistía a la universidad. Cómo agradezco a Dios por esos primeros miembros de una pequeña iglesia quienes aún decían "¡Amén!" ¡cuando yo era un joven pastor luchador. Aunque había muchas cosas que necesitaba aprender, aun como un predicador de dieciocho años de edad sabía que Jesucristo era el remedio de Dios para el pecado. Usted no necesita ser un teólogo o un estudioso para conocer el plan de Dios para la salvación.

Mientras dirigía aquella primera iglesia cerca de Indio, California, recuerdo que siempre daba una invitación al final de cada servicio. La iglesia constaba de personas mayores de edad en su mayoría, y no muchos eran los que respondían a la invitación pública normalmente. Recuerdo el día en que prediqué de Juan 3. Prediqué que debemos nacer de nuevo, nacer del Espíritu; y algunos vinieron adelante durante la invitación. Había guiado antes a gente al Señor; sin embargo, ésa era la primera vez que alguien había respondido a la invitación viniendo adelante, y me sorprendió.

Estaba dirigiendo el himno de invitación cuando Fred y Alice Riley vinieron al frente. La iglesia se estaba congregando en una casa, y Fred y Alice vinieron justo al centro del pasillo. ¡Yo estaba asombrado! Tenía que hablar con ellos, así que paré de dirigir el himno. El pianista siguió tocando, y la gente continuó cantando. Llevé a Fred y a Alice a un cuarto atrás, y uno de los gozos más grandes de mi vida fue el dirigir a esa entrañable pareja a Jesucristo. Tal vez tenían como setenta años en aquel entonces, y habían venido con antecedentes religiosos; sin embargo, no estaban seguros de que irían al cielo. Ese día, ambos aceptaron a Cristo como su Salvador.

Estaba pensando recientemente que hace algunos años Alice me llamó para decirme, "Necesita venir a Palm Springs, al Hospital Dwight D. Eisenhower. Fred tiene cáncer; no esperan que lo supere. Usted fue quien le guió a Cristo, y realmente nos gustaría mucho que viniera." Fui a aquel cuarto del hospital y tomé la mano de Fred mientras estaba esbozando el último aliento de vida. Perdía y recuperaba la conciencia, pero me vio, y en un momento se animó un poquito. Dijo entonces, "No estoy seguro de muchas cosas, pero estoy seguro de una, sé a dónde voy cuando esto termine." No hablaba de ir a su casa o a algún restaurante, ¡él estaba hablando de ir al cielo! Había depositado su fe en Jesucristo, el único quien puede ofrecer vida eterna. Él no había perdido la esperanza a través de tantos años. ¿Era porque era bueno? ¿Era acaso porque nunca pecó? No, era porque había puesto su fe en quien es perfecto, en el sacrificio perfecto de Jesucristo. Fred sabía que estaba rumbo al cielo.

El Corazón de Dios Es que Poseamos las Escrituras

¿Cuál es el corazón del Señor para nosotros? El corazón del Señor, primero que nada, es que todos sean salvos y conozcan el camino al cielo. Segundo, el corazón del Señor, es que poseamos las Escrituras de Dios. Juan 17:8 nos dice, "*Porque las palabras que me diste, les he dado; y ellos las recibieron.*" Cristo prosigue y dice en el versículo 14, "*Yo les he dado tu palabra; y el mundo los aborreció, porque no son del mundo, como tampoco yo soy del mundo.*" Cuando usted es salvo y se empieza a meter en la Palabra, algunas personas van a empezar a hablar mal de usted. Así ha ocurrido desde el principio del mundo.

Necesitamos darnos cuenta que Cristo y los profetas nos han dado las meras palabras de Dios. Cristo dijo en el versículo 14, "*Yo les he dado tu palabra.*" Cristo no dijo, "Yo le he dado algunos pensamientos y conceptos." Cristo nos dio las **palabras.** Creo en la inspiración verbal y plenaria de la Biblia. Esto significa que cada palabra en la Biblia es inspirada divinamente por Dios el Espíritu Santo. En Mateo 4:4 Cristo dijo, "*No sólo de pan vivirá el hombre, sino de toda palabra que sale de la boca de Dios.*" Dios nos ha dado palabras, no sólo pensamientos o conceptos. Segunda a Timoteo 3:16 dice, "*Toda la Escritura es inspirada por Dios, y útil para enseñar, para redargüir, para corregir, para instruir en justicia.*" Creo en la inspiración y en la preservación de la Palabra de Dios. Personalmente, tengo total confianza en la Versión Reina Valera de la Biblia ¡y gracias a Dios por eso!

Cristo dijo que Su preocupación era, primero que nada, que todos tuvieran la salvación y vida eterna. Después de eso, les dio las palabras de Dios. ¡Gracias a Dios, no nos dejó aquí sin un arma! Nos dio las palabras de Dios con las cuales peleamos en nuestras batallas. ¡Cuán agradecidos deberíamos estar por la Biblia! Deberíamos usar la Palabra de Dios. Necesitamos darnos cuenta que Cristo no nos dejó solos; nos dejó al Espíritu Santo y la Biblia. La Biblia dice en Juan 16:13, "*Pero cuando venga el Espíritu de verdad, él os guiará a toda la verdad.*" El Espíritu Santo nos guía a la verdad en la Palabra de Dios. Demasiada gente en el presente recibe su verdad, proveniente de algún profeta, culto, iglesia, o tradición; pero el Espíritu Santo trabaja desde la Palabra de Dios. Romanos 10:17 dice, "*Así que la fe es por el oír, y el oír por la palabra de Dios.*" No permita que ningún profesor o ninguno de los tan nombrados intelectuales le digan que la Biblia es sólo un libro más. La Biblia es la Palabra de Dios. Hoy la necesitamos.

Necesitamos Predicar la Palabra

Actualmente hay una tremenda necesidad de predicación ferviente de la Palabra de Dios. Segunda Timoteo 4:2 nos amonesta, "Que prediques la palabra; que instes a tiempo y fuera de tiempo; redarguye, reprende, exhorta con toda paciencia y doctrina." Alguien puede decir, "No quiero un tipo de iglesia-sermonera." Eso significa que usted no quiere un tipo de iglesia bíblica. Dios dice que un predicador está para predicar. La palabra *"predicar"* en el idioma griego, es una palabra que significa "ponerse de pie y declarar con autoridad." Quizás la razón por la cual a algunos no les gusta la predicación es porque tienen pecado en sus vidas. No obstante, ¡hoy necesitamos predicación a la antigua más que nunca!

Necesitamos Estudiar la Palabra

También necesitamos estudiar la Palabra de Dios. Cristo no nos dio estas palabras sin una razón. Él nos dio estas palabras de tal manera que las predicáramos y estudiáramos. Recuerde que en 1 Pedro 2:2 dice, *"Desead, como niños recién nacidos, la leche espiritual no adulterada, para que por ella crezcáis para salvación."* Si vamos a crecer, necesitamos la Palabra de Dios. En ocasiones, algunas personas me dicen, *"No soy uno de los que realmente están interesados en la Biblia. Simplemente no la deseo."* Eso no es normal para alguien quien es salvo. Debería existir un deseo por la Biblia en nuestros corazones.

¿Alguna vez ha visto a un bebé recién nacido que no quisiera comer? Cuando mis cuatro hijos eran bebés, querían ser alimentados. Usted dirá, "Bueno, no quiero alimentarme. No lo deseo." ¿Entonces qué está comiendo? Usted ha de ser como mi hijo menor, Mateo. Va a su cuarto y come unas botanas. A menudo encontramos envolturas de paletas y chocolates en su cuarto. Muchas veces, come unas botanas justo antes de la comida; y aunque su mamá haya preparado una comida muy buena, dice, "No tengo hambre."

Muchos cristianos están haciendo lo mismo espiritualmente. Están escuchando música del mundo, los medios masivos de comunicación, y a amigos impíos. Podemos llenarnos tanto de la "comida chatarra" del mundo que no queremos tener el privilegio de disfrutar un buen alimento bíblico. La Biblia dice que hemos de desear la leche de la Palabra para que por ella podamos crecer. Usted no va a crecer sin la Palabra. Cristo dijo, "Yo quiero que tengan la Escritura. Les he dado las palabras."

Necesitamos Obedecer la Palabra

Las palabras están para ser predicadas, estudiadas, y obedecidas. *"Pero sed hacedores de la palabra, y no tan solamente oidores"* (Santiago 1:22). Muchos de nosotros hemos sido salvos por tiempo suficiente para **saber** lo que se supone debemos estar haciendo. En muchos casos simplemente necesitamos **hacer** lo que sabemos que se supone debemos hacer. La Palabra de Dios está para ser predicada. La Palabra de Dios está para ser estudiada. La Palabra de Dios está para ser obedecida.

Su Corazón Es para Nuestra Santificación

Su corazón también es para nuestra santificación. Note Juan 17:15, *"No ruego que los quites del mundo, sino que los guardes del mal."* Jesús dice, *"Señor, no quiero que los saques de los problemas, pero sí quiero que los protejas del mal."* Tome nota de la palabra *mal.* Existen algunas cosas en este mundo que son malvadas. Algunas cosas que nos van a alejar de

Dios, y algunas cosas que nos van a acercar más a Dios. Vea nuevamente Juan 17:5, "*Sino que los guardes del mal.*" Cristo quiere que nos mantengamos lejos del mal, y debemos agradecer a Dios por los amigos quienes nos obligan a hacerlo. Hay demasiados predicadores que dicen, "*Mientras venga a nuestra iglesia y nos deje algo de dinero en el cesto, puede vivir para el diablo durante toda la semana.*" El tipo de iglesia correcta no está interesada en el dinero, sino, más bien, en una congregación que tenga un corazón para Dios.

Note los versículos 16 y 17, "*No son del mundo, como tampoco yo soy del mundo. Santifícalos en tu verdad.*" *santifícalos* significa "puesto aparte o sagrado." Dios quiere que sus hijos sean santificados o santos. Como hemos visto antes, somos santificados posicionalmente cuando fuimos salvos. Entonces, necesitamos seguir a través del proceso de ser puestos aparte continuamente. Esto se logra por la Palabra de Dios. "Santifícalos en tu verdad; tu palabra es verdad." Si vamos a vivir una vida separada, piadosa y santa, debe ser con la ayuda de la Biblia. La Palabra de Dios nos ayudará a ser más y más lo que Dios quiere que seamos.

Justo después de que mi hijo Larry fue salvo, estaba muy emocionado. Yo podía ver que él tenía una carga por las almas perdidas. Quería que otros fuesen salvos, y eso fue una bendición. Él quería leer su Biblia.

Pocos días después de que Larry fue salvo, llegué a casa, fui a la cocina, y miré por la ventana. Fuera de la ventana de esa cocina estaba un hermoso árbol de duraznos, el cual yo personalmente había sembrado. Había estado esperando todo el año para que hubiera flores y hojas en él. Al ver por la ventana, vi el árbol de durazno desnudo; los pequeños duraznos que había esperado ver estaban en el suelo. Las flores estaban en el suelo. Las hojas estaban en el suelo. Ese árbol estaba, donado. Dondequiera estaba cortado y arañado.

En ese momento, vi a Larry en la sala familiar con un martillo sobre su hombro. Me miró y dijo, "¿No sé cómo fue que todas esas hojas del árbol de durazno se cayeron, Papá." ¡George Washington tampoco supo cómo cayó el cerezo!

Algún fariseo diría, "Él no es salvo," pero no es nuestro lugar el decidir eso. El problema es que él está creciendo, y está pasando de manera continua por la santificación progresiva, tal y como nosotros estamos pasando. Les puedo garantizar que ya no ha estado golpeando árboles con martillos ¡porque Dios usa a los papás para ayudarles con la santificación! Sin embargo, Su herramienta principal es la Palabra de Dios. La Palabra de Dios hará la diferencia. La Palabra de Dios le pondrá aparte.

¿Cuál es la voluntad de Dios para usted? La voluntad de Dios, primero que nada, es que usted sea salvo. La voluntad de Dios es que usted se meta en las Escrituras y, a través de las Escrituras, sea santificado, o separado. Algunos tal vez nos llamen "santurrones," pero no debemos preocuparnos por lo que nos llamen. Sólo necesitamos ser lo que Cristo quiere que seamos. Este es el corazón de Dios para nosotros. Necesitamos tener un corazón para Dios, Él tiene un corazón para nosotros. *"Nosotros le amamos a él, porque él nos amó primero"* (1 Juan 4:19).

TERCERA PARTE

Un Corazón Para Dios En Nuestro Hogar

Un Corazón de Sumisión

No os embriaguéis con vino, en lo cual hay disolución; antes bien sed llenos del Espíritu, hablando entre vosotros con salmos, con himnos y cánticos espirituales, cantando y alabando al Señor en vuestros corazones; dando siempre gracias por todo al Dios y Padre, en el nombre de nuestro Señor Jesucristo. Someteos unos a otros en el temor de Dios. Las casadas estén sujetas a sus propios maridos, como al Señor; porque el marido es cabeza de la mujer, así como Cristo es cabeza de la iglesia, la cual es su cuerpo, y él es su Salvador. Así que, como la iglesia está sujeta a Cristo, así también las casadas lo estén a sus maridos en todo. Maridos, amad a vuestras mujeres, así como Cristo amó a la iglesia, y se entregó a sí mismo por ella,—Efesios 5:18–25

Si nosotros fuéramos honestos con nosotros mismos, confesaríamos que los problemas de la actualidad no son completamente culpa de los políticos. Ni tampoco son del todo culpa de la iglesia, aunque la iglesia lleva mucho de la culpa. Desde que la iglesia comenzó a cambiar doctrinas principales y filosofía, la sociedad presente ya no toma a la iglesia tan seriamente como lo hacía en generaciones pasadas.

Sin embargo, llega un punto en el que debemos examinar personalmente nuestros propios corazones. Necesitamos dar una fuerte mirada a la institución que produce los futuros ciudadanos de nuestro país y necesitamos darnos cuenta que muchos de los problemas provienen del hogar. Necesitamos dejar de dar el dólar al policía que fue muy severo, al político que era muy liberal, o al pastor a quien no le importaba nada. En lugar de eso, debemos examinar sinceramente nuestras propias vidas y familias.

El Instituto Fordham reportó que en 1991 más del treinta por ciento de todos hogares de Norteamérica estuvieron involucrados en alguna clase de violencia doméstica. Esta investigación incluía mucho más que discusiones o gritos. El estudio se refería a violencia doméstica, tal como golpearse uno al otro y lanzarse sartenes. El año pasado, más de dos millones de norteamericanos fueron arrestados o fichados por usar armas mortales contra sus cónyuges. ¡Ésta es la misma gente que prometió "amar y cuidar hasta que la muerte los separe!" Como dos millones de personas estuvieron involucradas en algún tipo de violencia e ira. Mayores investigaciones muestran que sólo el veintisiete por ciento de todos los hogares de Norteamérica se les puede llamar un hogar tradicional, el cual tiene una mamá, un papá, e hijos.

Decir que el hogar está en problemas no es comunicar mucho. Un hombre dijo, "Si una boda significa una ducha para una señorita, para el hombre significa la muerte." Los norteamericanos han contribuido a este tipo de mentalidad en cuanto al matrimonio. Las parejas están diciendo, "Esto no puede funcionar. Simplemente no funcionará." Sin embargo, sí puede funcionar si el matrimonio está basado en la Palabra de Dios.

Hay esperanza para el hogar en Norteamérica. Para encontrarla, debemos seguir la Palabra de Dios. ¿Cómo comenzamos a tener una relación exitosa? En Efesios 5, el apóstol Pablo les da a los creyentes tres pasos básicos. Estos pasos involucran una decisión deliberada de nuestra parte de someter y seguir la enseñanza de Dios para el hogar.

Someterse al Espíritu

En Efesios 5:18, la Biblia dice, *"No os embriaguéis con vino, en lo cual hay disolución; antes bien sed llenos del Espíritu."* En la actualidad mucha gente ha creado algunas ideas extrañas acerca del Espíritu Santo. A diferencia de lo que dicen estas enseñanzas falsas, Él es una Persona quien vive en nosotros y nos consuela. Él entra en nuestras vidas el día que aceptamos a Jesucristo como Salvador.

La Biblia dice en Juan 3:6, *"Lo que es nacido de la carne, carne es; y lo que es nacido del Espíritu, espíritu es."* Cuando recibimos a Jesucristo como nuestro Salvador, nacemos de nuevo por el Espíritu Santo de Dios. Juan 6:63, dice, *"El espíritu es el que da vida."* Después de todo, es el Espíritu Santo quien nos lleva a Cristo y nos separa para Él. Cada persona quien ha aceptado a Cristo como Salvador recibe el Espíritu de Dios.

Hay algunos que dicen, *"Usted acepta a Cristo en una ocasión, y entonces, varios meses más tarde, usted tendrá una 'gran experiencia,' y entonces usted realmente sabrá que tiene el Espíritu Santo."* La vida cristiana no se basa en experiencias, sentimientos, o emociones. Ésta depende de la autoridad de la Palabra de Dios. La Biblia dice que el cuerpo del creyente es el templo del Espíritu Santo. No podemos seguir al Espíritu a menos que primero recibamos a Jesucristo. No nos entregaremos o seguiremos al Espíritu hasta que reconozcamos Su existencia en nuestra vida.

Vaciarnos de Otras Sustancias

"No os embriaguéis con vino." No podemos estar llenos del Espíritu si estamos llenos de alguna otra sustancia. Una vez que un recipiente está lleno con jugo, no se le puede llenar con agua sino hasta que se vacía completamente del jugo. La Biblia dice, *"no os embriaguéis con vino."* No debemos ser gente que está controlada por otra sustancia. Existen muchas cosas con las que el cristiano puede llenarse. Algunos están llenos de tanta ira, que rehúsan buscar consejo de la Palabra de Dios. No pueden andar con el Espíritu de Dios porque nunca han tratado el asunto de su ira.

La Palabra de Dios dice, *"no os embriaguéis con vino."* La mejor forma de evitar deemborracharse es nunca probar el alcohol. Evite el primer trago. Alguien dijo, "¡Se requiere de diez cervezas antes que me afecte!" Eso significa que una persona que toma una cerveza está diez por ciento ebrio.

Sea Lleno con el Espíritu Santo

La Palabra de Dios dice que no podemos estar llenos con una sustancia malvada y con el Espíritu Santo al mismo tiempo. Dios dice, *"No os embriaguéis con vino, en lo cual hay disolución; antes bien sed llenos del Espíritu."* Este versículo está en modo imperativo. Esto significa que a cada creyente se le ordena buscar la llenura del Espíritu continuamente.

Cada creyente recibe la misma cantidad del Espíritu al ser salvo, pero no todos están llenos con el Espíritu de Dios. Algunas personas están llenos de ellos mismos. Otros están llenos con rebelión. Otros están llenos con ira. Un cristiano primero debe someterse y entregarse para ser lleno del Espíritu de Dios. La palabra lleno significa "ser controlado" por el Espíritu Santo. Así como una persona ebria está controlada por el alcohol, los cristianos deben estar controlados y dirigidos por el Espíritu de Dios.

Recientemente, asistí a un partido de fútbol americano universitario con un miembro de nuestra iglesia. Él no me dijo que había un ochenta por ciento de probabilidad de lluvia, ¡y no tenía un paraguas! ¿Sabe usted lo que hace la gente que no es salva para calentarse cuando tiene frío? Bebe alcohol. Lo bebe de prisa. Nos paramos en la fila en el puesto de servicio para comprar algunos "hot dogs." ¡La gente estaba ebria aún antes de que iniciara el juego! Algunos de ellos tenían que ser dirigidos a donde estaba la fila. Irónicamente, detrás del puesto de "hot dogs" estaba colgada un letrero grande, "No Beba y Maneje." Aún así, aquellos que estaban vendiendo la cerveza, estaban llenando a sesenta mil tontos con alcohol, sabiendo que todos ellos manejarían de regreso a casa. Esa es nuestra sociedad. "Niños, no beban, pero mamá y papá pueden beber. No fumen, pero nosotros fumaremos tres paquetes al día." La sociedad dice, "No beba y maneje. Son tres dólares por una copa; sírvase cuanto quiera."

La gente que estaba en el juego estaba totalmente fuera de control. De hecho, mientras una señorita estaba chiflando, pitando, gritando, y lanzando alaridos por su equipo, ¡de pronto se cayó justo en el asiento al lado mío! Golpeó cada costilla de su cuerpo en el asiento, golpeó su cabeza en el cemento, y entonces volteó a verme. Estaba bajo el control del alcohol.

Mientras desarrollamos un corazón para Dios, necesitamos preguntarnos, "¿Qué es lo que me controla? ¿Quién me controla?" La Biblia dice que debemos ser llenos del Espíritu. Si estamos llenos con el Espíritu, seremos controlados por el Espíritu.

Si un hombre y una mujer, una madre y un padre, o un hijo y un padre, ambos se rinden al Espíritu de Dios y son llenos con Él, pueden andar en armonía. *"¿Andarán dos juntos, si no estuvieren de acuerdo?"* (Amós 3:3). La Biblia dice que la forma a través de la cual los cristianos están de acuerdo es a través del poder y la unidad del Espíritu Santo.

Cuando escuchamos de cristianos, de una familia, o de iglesias que no se llevan bien, siempre recuerde la palabra *orgullo*. La Biblia dice en Proverbios, *"Ciertamente la soberbia concebirá contienda."* Nosotros decimos, "¡Yo sé más que esa mujer! ¡Yo sé más que mi esposo! ¡Yo sé más que ese predicador! ¡Yo sé cómo dirigir esta compañía!" *"Ciertamente la soberbia concebirá contienda"* (Proverbios 13:10). Un hombre y una mujer pueden andar juntos en el mismo camino y con el mismo propósito sólo cuando se humillan a sí mismos al poder del Espíritu Santo.

Dos instrumentos afinados a estándares diferentes no estarán a tono uno con el otro. Sin embargo, puede tomar ambos instrumentos y afinarlos al mismo tono, como al del piano, y esos dos instrumentos entonces estarán entonados uno con el otro. Dios nunca ha estado desafinado. Cuando dos vidas se someten al Espíritu de Dios, tendrán un matrimonio que es armonioso.

Sométase a Su Cónyuge

La sumisión a su cónyuge es también importante. Note lo que la Biblia dice en Efesios 5:21, "*Someteos unos a otros en el temor de Dios.*" Primero, los cristianos han de someterse al Espíritu Santo. Los versículos 19 y 20 nos dicen que el resultado será cantar salmos, himnos, y cánticos espirituales. Esto significa que habrá gozo. Una vez que aprendemos a someternos al Señor, entonces hemos de someternos el uno al otro.

La mayoría de los esposos están un poco más familiarizados con los versículos siguientes en este pasaje. Cuando alguien dice la palabra *sumisión*, la mayoría de los hombres piensan en, "Las casadas estén sujetas a sus propios maridos." De hecho, algunos hombres leen este versículo en el tiempo de devoción familiar muy a menudo. "¡Eso es! ¡De eso se trata la vida! ¡Una lata de cerveza Budweiser y una mujer que se someta!" Sin embargo, el versículo 21 dice algo de la sumisión un tanto diferente. Dice, "*Someteos unos a otros.*" En el libro de Romanos, la Biblia nos manda a preferir a otros antes de nosotros mismos. Maridos, si pueden, den a sus esposas su lugar, agrádenles, o satisfagan sus necesidades. La Biblia dice que les prefiramos. Intentemos ayudarles. Esposa, la Biblia dice que le prefieras a él. La palabra someterse significa bajar los brazos y dejar de pelear con tu cónyuge.

Efesios 5:21 también dice, "*Someteos unos a otros en el temor del Dios.*" Un varón puede preguntar, "¿Por qué debo hacer lo que ella quiera que haga?" Él debe hacerlo porque teme al Señor. Las esposas deben seguir a sus maridos como al Señor porque hay tiempos cuando ellos no lo merecen. Los maridos deben a veces ceder en algo aun cuando sus esposas no lo merezcan; hemos de hacerlo como para el Señor.

Muchos hombres no tienen temor ni respeto por sus esposas. Los maridos necesitan preferir a sus esposas en el temor de Dios. Sométase a ella en el temor del Señor. Aunque tal vez usted no le rinda cuentas a ella, un día le rendirá cuentas al Padre celestial de la manera que usted le amó a ella.

La Biblia dice, *"El temor de Jehová es el principio de la sabiduría"* (Proverbios 9:10). Si usted quiere ser un esposo sabio, desarrolle un corazón para Dios. Mientras usted desarrolla esa relación interna con su Dios, usted será un esposo como nunca antes lo ha sido. Porque "el temor de Jehová es el principio de la sabiduría." Para recibir esa sabiduría de Dios, 'Someteos unos a otros en el temor de Dios.'

Señoras, las Biblia también dice, *"Las casadas estén sujetas a sus propios maridos, como al Señor; porque el marido es cabeza de la mujer"* (Efesios 5:22–23). No significa que usted no pueda opinar o recibir educación o que no tenga inteligencia. Tal vez habrá momentos cuando usted sea más inteligente que su esposo en algunas áreas. Aún así, él ha de dar liderazgo. Eso es lo que significa la palabra "cabeza." Es su responsabilidad el seguir su liderazgo. Si tan sólo llegaran a haber dos personas sobre la tierra el día de mañana, uno guiaría y el otro le seguiría. Así es la naturaleza humana. Dios ha ordenado que el marido lidere y que la esposa siga. Obviamente, un esposo amante discutirá a fondo las decisiones más importantes con su esposa y deberá buscar su consejo; pero en última instancia, Dios tiene al marido como responsable del mantenimiento de un hogar.

Efesios 5:22 dice, *"Las casadas estén sujetas a sus propios maridos, como al Señor."* La clave se encuentra en la frase "como al Señor," esto porque habrá muchas veces cuando el "vago de su esposo" no merecerá su sujeción. Tal vez habrá tiempos cuando él no merecerá su respaldo o ayuda. Señoras, háganlo como al Señor porque Él siempre lo toma en cuenta. Él sabe si usted lo está haciendo para el Señor, y a quien hace responsable es a su esposo.

Las mujeres más satisfechas y felices en la sociedad de hoy, aquellas con una verdadera sonrisa y gozo interior, son las que están intentando ser una bendición a sus maridos. Son quienes aman y animan a sus esposos en lugar de ridiculizarlos y destrozarlos. Estás esposas han encontrado la felicidad en sus maridos e hijos.

El grupo de gente más triste y más miserable que jamás haya visto son los ultra feministas. Marchan, gritan, y hablan de los hombres, pero no encontrarán gozo si violan la Biblia. Estas mujeres son miserables y están frustradas. Les es imposible a ellas o a sus familias ser verdaderamente felices. No pueden violar la Palabra de Dios y estar en paz.

Mientras su esposo guíe, sea una esposa quien le seguirá y le animará. Así, se le amonesta a sujetarse al Espíritu Santo y a su cónyuge.

Sométase al Salvador

Efesios 5:25 dice, *"Maridos, amad a vuestras mujeres, así como Cristo amó a la iglesia, y se entregó a sí mismo por ella."* Cristo también tiene un mandamiento para cada marido. Él quiere que usted siga Su Palabra. Quiere que usted siga el ejemplo del Salvador. Cristo rindió todas sus prerrogativas y Su voluntad para poder satisfacer nuestras necesidades. Si cada esposo amara a su esposa de esta manera, sería más fácil para la esposa seguir el liderazgo de su esposo. Cristo fue el verdadero ejemplo del amor cuando entró al mundo en el pesebre de Belén.

Ame a Su Esposa

La Biblia dice, *"Maridos, amad a vuestras mujeres."* El amor es mejor mostrado que definido. Un esposo puede hablar la charla, pero tiene un problema andando en el andar. Un hombre necesita aprender cómo expresar su amor hacia su esposa. Debe intentar llevándola a cenar, enviándole un ramo de flores, o ayudándole en la casa. Los maridos necesitan someterse al Salvador y decir, "Señor Jesús, me doy cuenta que diste Tú todo al venir y amarme. Hay momentos en los que debo rendir mi voluntad, mis pasatiempos, mis maneras de hacer las cosas, y mis viejos hábitos para ser un mejor esposo. Si amar es sacrificar lo que quiero, entonces estoy dispuesto a hacerlo. Quiero amar de la manera que Cristo me amó."

Los maridos pueden ser intratables, pero también existen esposas intratables. Me gusta mucho la historia del anciano caballero sureño quien dejó a su esposa. Se le trajo delante del juez, quien le dijo, "Usted ha desertado de su esposa." La corte comenzó diciéndole el castigo por desertar y cómo le iban a procesar. El juez estaba bastante molesto con aquel hombre. Finalmente, el hombre respondió, diciendo (con su clásico acento): "Señor, usted necesita entender. Yo no soy un desertor. ¡Soy un refugiado!"

¡Sí! ¡Algunas damas son difíciles de amar! Puede ser que así sea, pero esto le dará una gran oportunidad en crecer en la gracia. Usted necesita ser más fuerte espiritualmente que otros. Aunque no había nada qué amar en usted y en mí, de cualquier manera Cristo nos amó. Cuando usted se somete al Salvador, puede amar como Él ama. Todos nosotros tenemos el problema del pecado, como quiera, Cristo aún nos ama. Maridos, la próxima vez que encuentren a su esposa un poco difícil de amar, recuerden que Cristo les amó a ustedes. Sométase a Su ejemplo en su vida.

El amor satisface las necesidades de alguien, necesidades que sólo usted puede satisfacer. Esposos y esposas, satisfáganse las necesidades del uno y el otro. Esto es lo que Cristo hizo por nosotros. En ocasiones, las necesidades de su esposa no tienen ningún sentido para usted. No siempre entiendo por qué, pero mi esposa necesita mantener nuestro hogar de cierta manera. Existen algunas cositas que ella hace, objetos que cuelga en la casa, y maneras en las que a ella le gusta que se hagan en nuestro hogar. Tal vez no lo comprenda, pero si ella necesita hacerlo, dejo que lo haga.

Recuerdo haber abierto los regalos de la boda con Terrie cuando estábamos viviendo en nuestro primer pequeño departamento. Alguien nos dio algunas toallas con diseño de un pequeño pato y una granja en ellas. Ella ató una a la estufa y la otra a un gabinete en la cocina. Una tarde, llegué a casa después de un día de estudios bíblicos y trabajo. Mientras estaba en la escuela, trabajaba en los tractores Caterpillar, así que mis manos estaban sucias y llenas de grasa. Me lavé las manos con algo de Ajax en el lavabo de la cocina. La mayoría de la grasa se me quitó, pero lo que el Ajax no pudo quitar, lo hicieron las toallas. Aún puedo recordar la escena que siguió.

"¿Qué estás haciendo?" preguntó mi esposa.

"Secándome las manos. ¿Qué quieres que haga? ¿No es eso lo que se supone que se hace con las toallas?" respondí.

"¡Esas no son toallas de uso diario!" ¡Son toallas decorativas!" replicó Terrie.

¡A veces es difícil el saber todo! Usted debe amar a su esposa tal y como ella es. ¡Pídale a Dios que le dé gracia para los tiempos cuando no le sea fácil o no entienda! Sea sensible a sus necesidades. Si ella ha estado ocupada toda la semana con los niños, puede conseguir una niñera para que usted pueda salir a cenar con su esposa como lo solía hacer. Ayúdele con algo que esté descompuesto. Ella no debería pedirle diecisiete veces que arregle el mosquitero de la puerta hasta que logre que lo haga. Ámela y satisfaga las necesidades de su vida.

Usted dice, "Pastor, ¡si usted supiera!" Solo recuerde Gálatas 5:22, *"El fruto del Espíritu es amor."*

Todos debemos de someternos al Espíritu. Si nos estamos sometiendo al Espíritu, es posible que hagamos cosas que no hubiéramos podido hacer de manera natural en la carne. El Espíritu Santo nos dará gracia y una nueva disposición hacia otros.

Dese a Sí Mismo para Su Esposa

Efesios 5:25 dice, *"Maridos, amad a vuestras mujeres, así como Cristo amó a la iglesia, y se entregó a sí mismo por ella."* Jesucristo bajó de la gloria del cielo y vio nuestra condición pecaminosa.

A miles de parejas se les hizo una encuesta. Esta fue la pregunta que les hicieron, "Si usted hiciera todo otra vez, ¿se casaría con la misma persona?" Ochenta y cinco por ciento de las parejas contestaron, "Absolutamente no." El divorcio no es la respuesta. Vivir en la misma casa, pero tener dos vidas separadas no es la respuesta. La respuesta es Cristo. La respuesta es someterse al Espíritu, someterse a su cónyuge, y someterse a su Salvador.

El periódico *Los Angeles Times,* entrevistó a J. Paul Getty pocos días antes de su muerte. Debido a que él era el hombre más rico en el mundo en aquel momento, le hicieron varias preguntas en torno a su vida. El entrevistador dijo, "¿Hay algo en la vida que desearía haber poseído?" Getty, un hombre quien había experimentado todo lo que la riqueza podía ofrecer, miró al entrevistador a los ojos y dijo, "Envidio a una pareja felizmente casada." Tal vez usted no tenga el mejor trabajo en el mundo ni todas las posesiones posibles, pero usted está fracasando en el área más importante si está fallando en el hogar.

CAPÍTULO OCHO

Un Corazón Para El Hogar

Asimismo vosotras, mujeres, estad sujetas a vuestros maridos; para que también los que no creen a la palabra, sean ganados sin palabra por la conducta de sus esposas, considerando vuestra conducta casta y respetuosa. Vuestro atavío no sea el externo de peinados ostentosos, de adornos de oro o de vestidos lujosos, sino el interno, el del corazón, en el incorruptible ornato de un espíritu afable y apacible, que es de grande estima delante de Dios. Porque así también se ataviaban en otro tiempo aquellas santas mujeres que esperaban en Dios, estando sujetas a sus maridos; como Sara obedecía a Abraham, llamándole señor; de la cual vosotras habéis venido a ser hijas, si hacéis el bien, sin temer ninguna amenaza. Vosotros, maridos, igualmente, vivid con ellas sabiamente, dando honor a la mujer como a vaso más frágil, y como a coherederas de la gracia de la vida, para que vuestras oraciones no tengan estorbo.—1 Pedro 3:1–7

Un domingo por la mañana, un pastor recibió una llamada telefónica informándole que la maestra de la escuela dominical de primarios se ausentaría de la iglesia ese día. Aunque intentó frenéticamente, el pastor no pudo encontrar a alguien que supliera la clase. Finalmente, decidió que él mismo enseñaría la clase de manera que pudiera pasar algo de tiempo con los niños y las niñas. Él quería decirles lo que ellos deberían saber acerca del hogar cristiano, así que fue a la clase y les enseñó que fueran buenos hijos e hijas al obedecer a sus padres. Les habló de los abuelos, del papel de los padres, y les dio pasajes de la Biblia para cada punto.

Al final de la clase, el pastor decidió repasar para ver qué tanto habían aprendido. Preguntó, "Niños y niñas, ¿cuál fue el versículo que compartimos en el que dice lo que deben hacer papá y mamá en casa?" Un niño levantó su mano y dijo, "¡Yo sé! El versículo es '¡Padre, perdónalos; porque no saben lo que hacen'!"

Cuando se trata del hogar cristiano, esa idea es bastante realista. A veces parece que nos aproximamos a la vida familiar sin ningún plan. Mientras he estudiado el hogar, he estado envuelto en un matrimonio maravilloso por más de catorce años, y he estado involucrado en ayudar a parejas jóvenes a mantener en orden sus hogares, me he dado cuenta que hay algunas cosas que los cristianos realmente no entienden.

Recientemente, se le preguntó a una estrella de cine de Hollywood si duraría o no su matrimonio. Su respuesta fue, "para ser honesta con usted, nunca he visto uno que verdaderamente funcione, así que no sé cómo el mío va a durar."

Uno de los problemas básicos del hogar norteamericano en el presente es el concepto de autoridad. Hemos fallado en seguir las instrucciones dadas por el Inventor del hogar, Dios mismo en persona.

Es difícil entender el liderazgo apropiado sin haberlo visto primero. El liderazgo apropiado está basado en un compromiso a los principios escriturales. En el presente, tenemos dos extremos en el hogar norteamericano. Ya sea una dominante, beligerante esposa que grita a su debilucho esposo, o tenemos a un esposo quien abusa de su autoridad y es humillante para su esposa. Ambos extremos no son bíblicos.

Cada hogar necesita la autoridad bíblica. Esto es verdad, especialmente en los hogares cristianos porque Dios ha planeado que éstos anden de manera específica. Cada institución necesita la autoridad bíblica. Este país la necesita. Cuando los adolescentes se refieren a sus padres como "la anciana" y "el viejo" y llaman a un oficial de la policía "cerdo," ha iniciado la crisis de autoridad.

Aunque puede ser que algunos digan, "No creo que está estructura de autoridad haya sido ordenada por Dios." Primera Pedro 1:14 dice, *"Como hijos obedientes, no os conforméis a los deseos que antes teníais estando en vuestra ignorancia."* En cinco capítulos, Pedro nos muestra cinco principios básicos en lo que a la autoridad se refiere.

El primer principio de autoridad es que hemos de seguir a Dios como niños. Dios dice que Él quiere que usted sea un niño obediente, no conformándose a los antiguos deseos, sino siguiéndole a Él como un niño. Sabemos que un niño imita a sus padres. Nuestra responsabilidad es ver que

Dios es nuestra autoridad. Hemos de conformarnos a Dios. Hemos de seguirle a Él.

Segundo, Dios dice que hemos de seguir al gobierno como al Señor. Someterse a Dios es sólo parte del plan de autoridad. Primera de Pedro 2:13 y 14 dice, *"Por causa del Señor someteos a toda institución humana, ya sea al rey, como a superior, ya a los gobernadores, como por él enviados para castigo de los malhechores y alabanza de los que hacen bien."* La Biblia dice que Dios es nuestra primera autoridad y que el gobierno es nuestra segunda autoridad. Dios dice que esta autoridad fue establecida por Él. Si una orden alguna vez prohíbe la adoración de Jesucristo, el cristiano, siguiendo la Palabra de Dios, tendrá que hacer a un lado la orden del hombre. Sin embargo, creo que somos muy afortunados en vivir en un país donde todavía tenemos libertad para adorar. Aunque nuestras libertades se están erosionando lentamente, aún necesitamos seguir al gobierno, el cual estableció Dios.

Primera Pedro 2:18 dice, *"Criados, estad sujetos con todo respeto a vuestros amos; no solamente a los buenos y afables, sino también a los difíciles de soportar."* Primero, hemos de seguir a Dios como un pequeño niño lo haría. Segundo, hemos de seguir a aquellos que tienen autoridad en el gobierno. **Tercero, Dios quiere que seamos sujetos a nuestros jefes en el trabajo.** Debiéramos ser sujetos no sólo a los jefes quienes nos dicen que estamos haciendo un gran trabajo y que nos dan aumentos, sino también al jefe quien es difícil en cada sentido. Dios dice que el jefe merece nuestro respeto y obediencia.

La cuarta área de autoridad se menciona en 1 Pedro 5:1 y 2, *"Ruego a los ancianos que están entre vosotros, yo anciano también con ellos, y testigo de los padecimientos de Cristo, que soy también participante de la gloria que será revelada: Apacentad* *la grey de Dios que está entre vosotros, cuidando de ella." * **Es responsabilidad de la familia de la iglesia seguir el liderazgo pastoral que Dios envía en su sendero.** Mientras el pastor esté bien doctrinalmente y moralmente, la congregación necesita respetar su autoridad. Cuando unos creyentes votan para aceptar un pastor, en efecto dicen, "Venga y asuma la supervisión." Supervisar implica autoridad.

Dios es nuestra autoridad principal. El segundo nivel es la autoridad gobernante en el país, que es nuestro gobierno. También hemos de seguir la autoridad donde trabajamos, nuestro jefe. Ha de haber autoridad en la iglesia. Ahora que hemos analizando la autoridad de Dios para nuestras vidas en relación a Él personalmente, al gobierno, nuestro trabajo, y la iglesia, concentrémonos en Su plan para la autoridad en el hogar.

El patrón de Dios para el hogar pone al marido en una posición de autoridad. Esto no es filosofía o teoría. Debemos de entender que Dios ha establecido este principio de autoridad, y debemos seguirlo. Nuestro éxito en las relaciones familiares depende de nuestro entendimiento de este principio.

Conocí a una señora hace años quien había crecido sin la influencia de un liderazgo basado en la Biblia. Ella estaba furiosa y peleaba con todos. Ella les decía, "Todos los maestros de la escuela están en contra de mis niños. Sólo quieren darles malas calificaciones. Están buscando agarrarlos haciendo algo malo cuando no están haciendo nada." Una vez dijo, "Le dije a la empleada de la tienda algunas cosas. Le dejé bien claro lo que estaba en mi mente." Siempre estaba enojada con su marido. Su familia no se podía llevar bien. Yo sabía qué era lo que vendría enseguida. Un día, iba a atravesar enfrente de ella y ser el objeto de su ira. Ese día finalmente llegó. Ocurrió a las tres de la mañana en punto. Toco la puerta de nuestra casa

"¡Pastor, venga!" gritaba.

"¿Quién está allí?" pregunté

"¡Quiero hablar con usted ahora mismo!" Cuando abrí la puerta, ella lloraba y gritaba tan fuerte que las venas del cuello sobresalían.

"Usted le dijo a mi esposo que usted podía entender por qué a veces él tenía algunos problemas conmigo. ¡Usted está defendiéndole de su lado!"

¿Cuál era la fuente de sus problemas? ¿Eran los maestros de sus hijos, su esposo, o su pastor? No, su problema era su relación con la autoridad. Cuando su corazón está en orden con Dios, usted es capaz de aceptar Sus principios de autoridad. Todo es diferente cuando usted sigue el plan de Dios.

El Corazón de Dios para el Hogar

Un matrimonio exitoso es aquel que sigue la voluntad de Dios para el hogar. La Biblia explica claramente cómo el principio de autoridad funciona en el contexto de la relación familiar. *"Asimismo vosotras, mujeres, estad sujetas a vuestros maridos; para que también los que no creen a la palabra, sean ganados sin palabra por la conducta de sus esposas, considerando vuestra conducta casta y respetuosa"* (1 Pedro 3:1–2).

Un Corazón Sumiso

Efesios 5 enseña que los esposos cristianos deben someterse uno al otro en el amor de Dios. El marido tiene la responsabilidad de guiar a su familia amorosamente. Una esposa piadosa reconoce la obra de Dios y desarrolla un corazón sumiso hacia su esposo. La Biblia dice a las mujeres, *"Estén sujetas a sus propios maridos."* No hay necesidad de llegar a involucrarse emocionalmente con otras mujeres u hombres con respecto a su matrimonio.

Para tener un corazón para el hogar, debemos tener un estilo de vida piadoso. Note que Pedro no enfatizó los derechos. Sin embargo, vivimos en una sociedad que enfatiza los derechos. Si llevamos esa actitud a nuestro matrimonio, vamos a crear problemas. La Palabra de Dios enfatiza las responsabilidades, no los derechos. Hemos de llegar al matrimonio diciendo, "¿Qué puedo hacer **yo** para que funcione? ¿Cuál es **mi** responsabilidad en el matrimonio?"

Un Corazón por los Perdidos

Una esposa piadosa no sólo tendrá un corazón sumiso, sino que tendrá una carga por su marido si éste no es salvo. En las provincias romanas donde circulaba la primera carta de Pedro, había muchas esposas que se convertían a Cristo y cuyos maridos no. El Apóstol Pedro dijo que una esposa con un esposo que no es creyente aún debía estar en sujeción en santa piedad y debía tener una actitud afable hacia su marido incrédulo. Esto le daría una mejor oportunidad de verle aceptar a Cristo que si ella intentara corregirle por predicarle todos los días. Si la esposa se sujeta a su marido, él podría ser ganado por la forma en que ella viva.

Si usted está casada con un hombre incrédulo, recuerde que el hogar debe tener un corazón para los perdidos. Continúe siguiendo a Dios y Su patrón de autoridad, y Dios le honrará y bendecirá. Sin embargo, la Biblia no manda que una esposa permanezca en una situación donde se está abusando de ella físicamente. Tener el corazón de Dios para su hogar no incluye tolerar abuso físico. Una razón por la cual Dios dio autoridad a la iglesia y al gobierno es para permitirle a una mujer que está siendo abusada, recibir ayuda antes de que resulte seriamente herida.

En ocasiones las mujeres tienen la idea que Dios no las cuida o que no oye sus oraciones. Como resultado, recurren a intrigas y manipuleos, lo cual es evidencia de una falta de confianza en el plan de Dios. Un hombre me dijo una vez, "Pastor, mi esposa no me ha hablado por ocho días." ¡Ocho días! Tal manipulación sirve a la carne. No es la voluntad de Dios que una esposa gane a su marido para Cristo a su manera. En lugar de eso, ella debe amarle para Cristo. Ver a Cristo en su esposa traerá convicción al corazón del marido.

A un esposo no se le puede manipular para que tenga un cambio permanente. Una esposa puede manipularle para que haga algunas cosas por algún tiempo, pero sólo la poderosa obra del Espíritu Santo hará un cambio perdurable en el corazón de un hombre. Sin embargo, una de las herramientas más eficaces que el Espíritu Santo puede usar para traer convicción es una esposa quien es fiel al plan de Dios para el hogar.

Un Corazón para la Santidad

La familia piadosa no sólo tiene un espíritu sumiso, sino que también tiene un corazón para la santidad. Primera de Pedro 3:2, dice, *"considerando vuestra conducta casta y respetuosa.*" Esto significa que su estilo de vida puro debe incluir castidad y respeto. Los versículos 3 y 4, dicen: "*Vuestro atavío no sea el externo de peinados ostentosos, de adornos de oro o de vestidos lujosos, sino el interno, el del corazón, en el incorruptible ornato de un espíritu afable y apacible, que es de grande estima delante de Dios.*"

Un Estilo de Vida Santo

Las mujeres deben determinar tener santidad y pureza. Un esposo no amará más a su esposa si ella no protege lo moral. Un estilo de vida santo y fiel como una esposa son cualidades que todo hombre de verdad respeta. Frecuentemente, una dama apreciada cambia sus altas convicciones morales para aplacar a un marido malvado y carnal. Ella intenta ser una buena esposa al bajar sus estándares, pero aún así su marido la deja. Para ser sumisa, las mujeres no tienen que participar en actividades que son contrarias a la Biblia.

Un Corazón Santo

La manera de mantener un estilo de vida santo es por desarrollar continuamente un corazón santo. Debe haber tiempo de "adoración interior" que pasamos "poniéndonos" los principios de Cristo. Primera Pedro 3:3 dice, "*Vuestro atavío no sea el externo.*"

Al momento que una dama examina su vida y considera su corazón para la santidad, no debe ser consumida por lo externo. Desde luego, no hay nada malo con lavarse los dientes. De hecho, ¡lo recomiendo! Ella debe cuidar de su cuerpo porque es el templo del Espíritu Santo. No hay nada malo con darse un retoque de vez en cuando. B. R. Lakin dijo una vez: "Si el granero necesita pintura, píntelo." Sin embargo, nuestra sociedad ha llevado la idea al extremo. Los medios masivos de comunicación están presentando constantemente a gente hermosa, ropa y joyería costosa, peinados glamorosos, y atavíos ostentosos. Aún en círculos cristianos, la apariencia personal a menudo es un espectáculo de vanidad. Cuando una persona ostenta su apariencia externa, a menudo es una indicación de que el corazón falta de profundidad espiritual. Es trágico que muchas mujeres cristianas dediquen muchas horas a la semana en la apariencia externa mientras que nunca se arrodillan en oración en un intento de avanzar en su apariencia interna.

"Que vuestro atavío no sea el externo…sino el interno, el del corazón, en el incorruptible ornato de un espíritu afable y apacible" (1 Pedro 3:3–4). Para Dios es importante que los cristianos tengan una santidad y justicia dentro en lo profundo de sus corazones en su andar diario. Un hogar santo inicia con un corazón santo. Los hombres y mujeres cristianos a lo largo de la nación necesitan decir, "Quiero una familia santa."

La Biblia dice en Proverbios 4:23, *"Sobre toda cosa guardada, guarda tu corazón." La palabra guardar significa "protege."* Protege tu corazón con toda diligencia, "porque de él mana la vida." Toda su familia será afectada por los problemas resultantes de la falta del atavío espiritual. Un corazón santo no sólo es para las mujeres. De igual manera la santidad es para el hombre de casa. Vivimos en una época perversa. Hay perversión por doquier, y el diablo está peleando contra el hogar. Si alguna vez ha habido un tiempo en el que usted necesita proteger su corazón, es hoy.

A Dios le preocupa más su corazón interior que lo que le preocupa su apariencia exterior. Cómo lo ven los demás no es importante para Él. El área de trabajo de la mayoría de los hombres está llena de bromas obscenas. A menudo hay pornografía abierta, y en ocasiones hay aventuras emocionales o físicas. Esto es una tragedia. Cuando otros le ven, deberían poder decir, "Hay algo diferente en esa dama. Nunca siquiera pensaría en *mencionarle* algo a ella." El mundo perdido debe pensar de usted, "Hay algo diferente en ese hombre. No es como el resto de nosotros. Hay algo en su corazón que yo no tengo." Por esta razón, necesitamos tener cuidado de lo que ponemos en nuestros corazones y mentes.

Filipenses 4:8 nos amonesta, "*Por lo demás, hermanos, todo lo que es verdadero, todo lo honesto, todo lo justo, todo lo puro, todo lo amable, todo lo que es de buen nombre; si hay virtud alguna, si algo digno de alabanza, en esto pensad.*" Es triste, pero una persona puede ver televisión durante una hora y recordar más de ese programa que lo que recuerda del último sermón que escuchó. El diablo es nuestro adversario. Él es nuestro enemigo. Quiere que seamos indulgentes con el proceso de pensamiento carnal, y uno de sus medios favoritos para lograrlo actualmente es la programación estelar de la televisión. Proteja su corazón. Cuídese de las trampas del diablo.

Mi hijo Mateo tiene algunos hábitos inusuales. Se despierta cada mañana hambriento y sediento, no discierne por completo lo que bebe. Generalmente, entra a mi recámara buscando algo de beber. Algunas veces hay vasos al lado de mi cama que contiene los sobrantes de la noche anterior. Algunos vasos contienen Dr. Pepper y hielo derretido, algunos contienen leche cortada, y otros ofrecen jugo de naranja ya viejo. Mateo bebe frecuentemente lo que sea que esté disponible. ¡Incluso bebería agua y pasta dental!

Una noche, algunos de nuestros hijos habían estado pintando algo con colores de agua. Dejaron sobre la barra hasta la mañana siguiente, un vaso lleno con agua y con pintura de varios colores. No teniendo discernimiento alguno, Mateo lo bebió. Tenía sed. Tenía una necesidad física, y usó ese líquido para satisfacer la necesidad.

¿Es así como son algunos de ustedes con su televisión? ¿Consumen mucha basura? Usted nunca piensa en vivir de cierta manera, pero mirará una representación de tal maldad en la televisión miles de veces. Necesita proteger su corazón porque "de él mana la vida."

Dios desea que usted tenga un corazón para la santidad. Primera de Pedro 3:5 dice, *"Porque así también se ataviaban en otro tiempo aquellas santas mujeres que esperaban en Dios."* Note el término "santas mujeres." ¿Es usted una santa mujer de Dios? Dios ve su corazón. Es sumamente agradable el vivir la vida con una conciencia limpia. No hay nada como poder decir, "Mi vida está bien porque mi corazón está bien. El hombre interior de mi corazón ha sido alimentado hoy. No hay nada entre mi Salvador y yo. Mi conciencia está limpia, y mi corazón es puro delante de Dios." Esta es la manera en la que un cristiano debe vivir.

Un corazón para Dios traerá a su hogar un corazón sumiso. Cambiará a una esposa de no querer seguir a su esposo a sujetarse a el como al Señor. Cambiará a un hombre de ridiculizar la santidad a procurar tener un corazón puro y santo.

Un Corazón para Honrar

Seguir los ejemplos de santidad y sujeción a la autoridad bíblica restaurará el hogar deshonroso a un lugar de honra una vez más.

Esposas que Honran a sus Maridos

Primera Pedro 3:6 nos muestra un ejemplo de una esposa quien honró a su marido: *"Como Sara obedecía a Abraham, llamándole señor."* Esto significa simplemente que una mujer santa y piadosa respetará a su marido.

Maridos, ayudará a sus esposas si les dan algo a respetar. Es más fácil a las esposas honrar a sus maridos cuando ellas les ven con sus Biblias abiertas, cuando ellos encabezan el liderazgo espiritual, y cuando están deseosos de estar en la iglesia.

Maridos que Honran a sus Esposas

La voluntad de Dios para el hogar incluye un marido quien honre a su esposa. Primera Pedro 3:7 dice, *"Vosotros, maridos, igualmente, vivid con ellas sabiamente, dando honor a la mujer como a vaso más frágil."* Su esposa no se casó con los niños; ella se casó con un esposo. Un esposo quien realmente honra a su esposa pasará tiempo con ella. Un marido quien ama a su esposa y quiere honrarle lo hará al pasar tiempo con ella y al demostrarle un amor como el de Cristo.

Note que a los maridos se les amonesta a "vivir con ellas sabiamente." Estar en el mismo cuarto con su esposa no es lo mismo que vivir con ella. Un marido debe ser inteligente en lo que al matrimonio se refiere. Un hombre me dijo, "Intentar conocer a mi esposa e intentar vivir con ella sabiamente es como intentar conocer el clima, siempre cambia." Por esa razón, los hombres necesitan estar preparados para vivir con ellas sabiamente. Hay tres principios básicos involucrados en que los maridos vivan con sus esposas sabiamente, y esos principios pueden ayudar a los hombres a llegar a ser mejores esposos.

Primero que nada, la sabiduría se obtiene al leer la Palabra de Dios. Las clases para matrimonios no funcionarán. Lea el Salmo 119:24: *"Pues tus testimonios son mis delicias y mis consejeros."* El mejor consejo en el mundo viene de la Palabra de Dios. La Biblia es la clave para convertirse en un mejor esposo.

Segundo, la sabiduría se obtiene al comunicarse con su esposa. Hablar es otra manera de descubrir cómo ser el marido correcto. ¿Alguna vez ha pensado en preguntarle a su esposa, "Qué puedo hacer para proveer para ti y ser el esposo que tú necesitas que sea?" No hay nada malo con una plática para examinar su alma con su esposa y decir (si es verdad), "No tuve un buen patrón. No he visto muchos hogares que sean buenos, pero Dios conoce mi corazón, amor. Quiero vivir contigo sabiamente. Ayúdame a saber cuáles son tus necesidades."

Hace años, una joven pareja recibió la noticia que su tía Emma necesitaba un lugar dónde quedarse. Ellos abrieron su hogar para ella, y ella se quedó con ellos como seis años. Ella era tan mala como una serpiente de cascabel. Les decía cómo llevar su matrimonio, cómo criar a sus hijos, qué habitaciónes necesitaban limpiarse, y qué debían preparar para la cena. Finalmente, ella murió.

Camino a casa del funeral, sintiendo algún tipo de alivio, el esposo dijo, "Amor, quiero que sepas, si no te hubiera amado desde lo profundo de mi corazón, no hubiera dejado a tu tía Emma que se quedara con nosotros los últimos seis años."

La esposa dijo, "¡¿*Mi* tía Emma?! ¡Yo pensé que ella era *tu* tía Emma!" ¡Esta pareja tenía en definitiva un problema de comunicación! Hombres, aprendan cómo hablar con sus esposas.

Santiago 1:19 dice, "*Por esto, mis amados hermanos, todo hombre sea pronto para oír, tardo para hablar, tardo para airarse.*" Si usted quiere vivir con sabiduría, entonces sea pronto para oír, tardo para hablar, y tardo para airarse. He encontrado a través de la consejería que la mayoría de las parejas jóvenes expresarán sus necesidades por un tiempo, pero se detienen cuando sienten que no llegan a ninguna parte. Si su cónyuge ha dejado de expresarle necesidades a usted, exprese su deseo de ser lo que debe ser al decir, "Cariño, quiero vivir contigo sabiamente. ¿Me das otra oportunidad? Dime otra vez." Señoras, por favor, no respondan, "Te lo he dicho mil veces." Díganle otra vez, y anímenle en su esfuerzo de ser un esposo piadoso. Vivir sabiamente puede ser aprendido de las Escrituras, al igual que la comunicación y la oración. Santiago 1:5 dice, "*Y si alguno de vosotros tiene falta de sabiduría, pídala a Dios, el cual da a todos abundantemente y sin reproche, y le será dada.*" Dios le dará sabiduría. Un corazón para Dios será reflejado por un corazón para el hogar, un corazón para la santidad y un corazón que honra a su cónyuge.

Si usted está tentado en pensar que está demasiado ocupado para poder dar tiempo a su familia, recuerde que su primer responsabilidad es su esposa e hijos antes que ministre a las necesidades de otras familias.

El corazón de Dios será reflejado a través de usted sí usted tiene Su corazón para el hogar, un corazón para la santidad en aquel hogar, y un corazón que honra a la gente en su hogar. ¡Trabajemos en desarrollar el corazón de Dios para nuestros hogares mientras seguimos Su modelo bíblico!

CAPÍTULO NUEVE

El Corazón de Dios
Para Nuestros Hijos

*Hijos, obedeced en el Señor a vuestros padres, porque
esto es justo. Honra a tu padre y a tu madre, que
es el primer mandamiento con promesa; para que
te vaya bien, y seas de larga vida sobre la tierra. Y
vosotros, padres, no provoquéis a ira a vuestros
hijos, sino criadlos en disciplina y amonestación del
Señor.*—EFESIOS 6:1–4

Un día, un pequeñito estaba en casa cuando
sonó el teléfono. El niñito levantó el teléfono y
susurró, "Hola."

El hombre del otro lado de la línea, dijo, "Hijo,
necesito hablar con tu mamá. ¿Está ella allí?"

El niño dijo, "Está ocupada."

"¿Puedo hablar con tu papá?"

"También está ocupado."

El hombre al otro lado del teléfono preguntó, "¿Hay alguien más con quien pueda hablar?"

El jovencito dijo, "Hay un policía y un bombero."

"Bueno, ¿podría hablar con ellos?" preguntó el señor.

El pequeño niño dijo, "También están ocupados."

El hombre finalmente preguntó: "¿Qué es lo que todos están haciendo allí?"

El pequeño dijo, "¡Me están buscando!"

Cuando pensamos en criar hijos y tener relaciones familiares, surge la pregunta: ¿Dónde se encuentra la juventud de Norteamérica? Mark Twain dijo, "A los trece años, tome su muchacho y póngalo en un barril de pepinillos, haga un hoyo en la tapa. Alimente al muchacho por el hoyo a lo largo de su adolescencia. Cuando ese muchacho llegue a los dieciocho años, tape el hoyo del barril de pepinillos." Ésta era su respuesta para cuidar a los adolescentes.

En el presente existe un riesgo tremendo con respecto a la crianza de los hijos. De hecho, las únicas personas quienes no parece que piensen que ser padres es un riesgo, son personas quienes nunca han tenido hijos. Generalmente, ellos son quienes tienen todas las respuestas.

Las feministas se equivocan con su idea de que la mujer no vale nada si se queda en casa para criar a sus hijos. Una mujer quien cria a su familia para Dios es honorable a Sus ojos. Una madre practica derecho, medicina, y muchas otras disciplinas del hogar mientras ella cria a sus hijos.

El desafío de criar hijos es un negocio riesgoso. Dios quiere que vayamos a Su palabra en búsqueda de sabiduría. La Biblia dice en Efesios 6:4, *"Y vosotros, padres, no provoquéis a ira a vuestros hijos.*" La Biblia nos muestra que los padres tienen la habilidad de provocar en sus hijos ira, rebelión, y rencor. Padres, no produzcan furia. No provoquen a sus hijos a la ira. Debemos detenernos de culpar a la sociedad y al sistema educativo. Los padres pueden crear ira, apatía, y letargo en las vidas de sus propios hijos.

Considere a los rockeros "punk" por ejemplo. Tienen unas modas y peinados muy extraños. Usan cadenas, piel, y tienen una forma de andar rebelde. Su condición de ira se hace evidente por el graffiti sobre las paredes, las golpizas que se dan uno al otro, y el sacudir de sus cabezas cuando están en los conciertos de rock.

Los disparos desde el coche en movimiento que involucran a jóvenes pasan por razones sin sentido. Un tipo usa zapatos tenis marca Reebok, y otro usa British Knights. Ya que el primero trae esa clase de zapato tenis, el segundo dice, "Voy a matarlo." Hay odio e ira en sus corazones. De acuerdo a la Biblia, mucha de esa ira proviene de los papás de esos muchachos. Los padres han creado ira debido a su negligencia o su propio odio. En muchos casos, los papás han entrenado a sus hijos para ser locos y airados, aunque la Biblia dice, "Y vosotros, padres, no provoquéis a ira a vuestros hijos," o a cólera.

En los Estados Unidos de Norteamérica, el homicidio es la causa principal de muerte entre los hombres negros entre los quince y diecinueve años de edad. La causa principal de muerte en este grupo en el presente no es cáncer, SIDA, o ninguna otra enfermedad. Nuestros jóvenes se están matando uno al otro. El homicidio es la segunda causa de muerte entre los jóvenes blancos de la misma edad. Debido a que sus padres han dejado la Palabra de Dios, hay una generación de jóvenes en los

Estados Unidos que están enloquecidos y rebeldes. Se ha sacado de las escuelas a la Biblia y a la oración. Se le ha negado la presencia a la Palabra de Dios en nuestra sociedad. Por consiguiente, los jóvenes americanos son hostiles y discutidores.

He hablado con varios maestros de escuelas que hay en nuestra iglesia que dicen, "Está en lo correcto, Pastor. Los niños de la sociedad actual están furiosos y frustrados. Muchos estudiantes están confundidos y molestos. Nuestras escuelas son como salas de emergencia emocional. Parece como si estuvieran molestos con la vida y quisieron azotarla." Muy pronto, estas heridas arraigadas en lo profundo, serán transferidas de la infancia a la madurez. ¿Cuál es la solución?

¡Algunas de las soluciones propuestas son despreciables! Aparentemente algunos en nuestro gobierno creen que la mejor forma de controlar a nuestros jóvenes es por matarles aún antes de que nazcan. La sociedad actual lo llama aborto. Dios lo llama homicidio. Puede que algunos digan: "Hemos sobrepoblado a la Madre Tierra." Pero de acuerdo con la Biblia, nadie tiene el derecho de decidir si un feto debe vivir o morir. El primer capítulo de Jeremías nos muestra que Dios reconoce la vida en la concepción, aun en la matriz de la madre. Dios dice que esa pequeña semilla, sin importar el tamaño, es un alma viviente. Los problemas no se resuelven al matar a los fetos. Las sociedades que han hecho esto en el pasado siempre han fracasado.

Al ver el deterioro del hogar y la embravecida condición de la juventud, nuestro gobierno se siente obligado a tomar decisiones que Dios nunca tuvo la intención de tomar. Es la responsabilidad del hogar, no del gobierno, el enseñar a nuestro hijos de las relaciones sexuales. Los padres necesitan regresar a su autoridad dada por Dios y aceptar su responsabilidad de liderazgo. Hombres y mujeres necesitan venir a Jesucristo y necesitan permitir al Espíritu Santo que ponga un avivamiento en sus corazones. Esta es la solución que necesitan los Estados Unidos de Norteamérica.

El presidente de la Comisión de los hijos, dijo, En 1991, las necesidades insatisfechas de nuestros niños son tan convincentes como un ataque de enemigos del extranjero. El problema más grande que enfrentamos en los Estados Unidos en la actualidad es el problema de nuestra juventud, y si no hacemos nada al respecto, vamos a perder todo el país.

¿Quién satisfará las necesidades de la juventud del presente? De acuerdo con la Palabra de Dios, los padres deben de satisfacer estas necesidades. Como padre, usted caerá en una de tres categorías: (1) soltero; (2) divorciado y casado de nuevo con hijos de matrimonios previos; o (3) parte del 27% de los hogares Norteamericanos que poseen esposo y esposa, cada uno casado sólo una vez con hijos de ambos. Como sea que usted esté clasificado, usted debe venir a Dios y debe seguir su enseñanza de crianza de los hijos de acuerdo a la Biblia.

Acepte la Responsabilidad

Hay tres desafíos básicos en Efesios 6:4, "*Y vosotros, padres, no provoquéis a ira a vuestros hijos, sino criadlos en disciplina y amonestación del Señor.*" La palabra criadlos significa que los padres deben de estar dispuestos a aceptar la responsabilidad de criar a sus hijos. No debemos decir, "Los niños son un fastidio. Me quitan mi tiempo personal. No me gusta traer a mis hijos a la iglesia. No disfruto ir a sus juegos de pelota." No es cuestión de qué queremos. Es cuestión de obedecer a Dios cuando Él nos manda a "criarlos."

Críelos al Proveer para las Necesidades Físicas
Obviamente, Dios tiene la intención de que las necesidades físicas de los niños sean satisfechas en el hogar. Muchos hogares norteamericanos han adoptado la actitud: "Esta sociedad me debe. El gobierno me debe. Me han robado." Esto se les está enseñando a los niños en el hogar.

La Biblia dice en 1 Timoteo 5:8, *"porque si alguno no provee para los suyos, y mayormente para los de su casa, ha negado la fe, y es peor que un incrédulo."* No es la responsabilidad de otros alimentar y vestir a sus hijos. Si usted tiene alguna incapacidad, existen pensiones de ayuda. Dios dice que usted los críe, usted se encargue de sus necesidades físicas. Padres, acepten la responsabilidad que tienen para sus hijos.

Críenlos al Proveer para sus Necesidades Emocionales
En el presente hay millones de familias en las cuales la mamá y el papá proveen alimentos y techo pero poco más que eso. Dios no sólo requiere que nosotros nutramos a nuestros hijos físicamente sino que también lo hagamos emocionalmente. El Apóstol Pablo, cuyo amor y preocupación eran evidentes en sus escritos, era un padre espiritual para la iglesia de Tesalónica. Escribió en 1 Tesalonicenses 2:7, *"Antes, fuimos tiernos entre vosotros, como la nodriza que cuida con ternura a sus propios hijos."* Pablo era un hombre que había estado

encarcelado por causa de su fe. Había sido golpeado y arrojado fuera de la ciudad y dejado para morir.

Él dijo en el versículo 8, *"Tan grande es nuestro afecto por vosotros, que hubiéramos querido entregaros no sólo el evangelio de Dios, sino también nuestras propias vidas; porque habéis llegado a sernos muy queridos."* Los hijos saben cuál es la diferencia entre un padre que sólo provee comida y ropa y uno quien da de sí para ellos. Un padre debe entregar su corazón a su hijo. Las necesidades emocionales de su hijo son tan importantes como sus necesidades físicas.

Una de las mejores formas de satisfacer las necesidades emocionales de sus hijos es por mantenerse casado con su cónyuge. Aunque no es la mejor razón por la cual uno ha de permanecer casado, no es mala. La Biblia dice en Mateo 19 que Moisés permitió el divorcio debido a que los corazones de los judíos se habían endurecido. Sin embargo, Dios nunca tuvo la intención de que así ocurriera. El divorcio nunca estuvo incluido en Su plan original para la familia. Los hijos de un padre soltero u hogares mezclados están doblemente propensos a tener problemas emocionales que los hijos de hogares tradicionales. A menudo, experimentarán traumas físicos y emocionales. Cualquiera que ha pasado por un divorcio puede decir que el divorcio es extremadamente difícil para los hijos, y parece que tiene un efecto negativo en ellos.

Me doy cuenta de que hay un gran número de cristianos quienes se han divorciado y se han vuelto a casar. Dios quiere que usted mantenga unido su matrimonio con Su Palabra y consejo Bíblico. Si usted no ha podido hacer esto en el pasado, equípese por crecer en el conocimiento y la sabiduría de la Palabra de Dios. El trabajo delante de usted ahora está un tanto más difícil de lo que estaba antes. Usted necesitará la fortaleza de la Biblia y el apoyo de la familia de la iglesia ahora más que nunca.

Debemos de aceptar la responsabilidad de criar a nuestros hijos. Algunos padres anhelan superarse en su carrera. Usted debe de tener metas, planes, y sueños que no se han realizado; pero si usted acepta la responsabilidad que Dios le ha dado de criar a sus hijos para Él, un día usted será recompensado. Segunda Corintios 12:14 dice, "*Pues no deben atesorar los hijos para los padres, sino los padres para los hijos.*" ¡Pablo dijo que los hijos no deben sacrificarse para que el hogar no se venga abajo! Es la responsabilidad de los padres de sacrificarse para que el hogar tenga éxito. Muchos de nuestro dia tienen todo al revés. Los padres no están dispuestos a aceptar sus responsabilidades dadas por Dios ni para hacer lo que Él quiere que ellos hagan en el hogar. Debido a que los padres están holgazaneando en sus deberes, el mundo está sufriendo en el presente.

Esté Disponible

Un padre que acepta la responsabilidad de la paternidad estará disponible para dar a sus hijos la disciplina que requieren. Mi Biblia dice en Efesios 6:4, "*Y vosotros, padres, no provoquéis a ira a vuestros hijos, sino criadlos en disciplina y amonestación del Señor.*" La palabra "*criar*" implica formación y disciplina. La formación de los hijos no es responsabilidad del estado. Deuteronomio 6 dice que es responsabilidad de los padres asegurarse que sus hijos sean bien educados. Obviamente, debemos de estar disponibles para nuestros hijos al iniciar este proceso.

Esté Disponible para Criar

En 1960, la población de Norteamérica tenía 141,000 niños registrados en guarderías. En 1992, había 2,500,000 niños registrados en guarderías. Tal vez está más allá del control de los padres, y deben enviar a sus hijos por razones financieras. A veces, usted no puede hacer nada sino luchar a través de estas situaciones. Sin embargo, Dios no tiene en mente que una guardería o una escuela cristiana críe a sus hijos en su lugar. Los hijos son responsabilidad de sus padres. Si usted registra a sus hijos en una institución simplemente para que usted pueda apaciguar sus deseos carnales de una carrera o de algún estatus, usted está pagando un gran precio.

La Biblia dice que nosotros tenemos que criar, o formar a nuestros hijos. *Regañar* a los hijos no es lo mismo que *"formar"* a los hijos. Conozco a muchos papás que fuman. Mientras fuman, dicen, "Niños, nunca vayan a fumar. Fumar es malo. Les va a provocar cáncer en los pulmones y los matará. Que nunca los agarre fumando." ¡Esto no es formar! Simplemente es poner un mal ejemplo.

A mi hijo Larry le ha tomado como tres años el aprender cómo sacar a tirar la basura. Él no aprende muy rápido cuando se trata de algo así, ¡pero ya casi lo tengo entrenado! Tuve que levantarme y salir con él como veinticinco veces, mostrarle cómo abrir las puertas, levantar la tapa del bote de la basura, vaciar la basura sin dejar caer el cesto dentro del bote, sacar el bote de allí, cerrar la tapa, cerrar la puerta del garaje, asegurarla, ir a través del cuarto de lavado, cerrar el cuarto de lavado, regresar adentro, poner el bote de plástico en la cocina, y poner las bolsas de basura dentro del bote. Larry aprendió cómo hacer todo eso porque fue conmigo y lo hice veinticinco veces para él mientras él observaba.

Eso es los que es criar. No se trata sólo de decir algo al niño. Alguien dijo, "Los niños deletrean *amor* T-I-E-M-P-O." Mientras nosotros pasamos tiempo formando a nuestros hijos, les estamos impartiendo amor, lo cual es verdadera crianza.

Un pastor, amigo mío del estado de Washington, tiene una maravillosa familia con nueve hijos. Hemos tenido muchas conversaciones a lo largo de los años, pero una cosa que dijo realmente me dejó impresionado. "Cada sábado por la noche," dijo él, "toda nuestra familia se reúne para cenar. Después de eso, limpiamos la mesa, y los once nos sentamos. Pasamos un poco de tiempo en oración y lectura bíblica, entonces cada uno de nosotros llena un sobre de las ofrendas. Cada niño diezma de su mesada, mi esposa diezma de su ingreso que recibe, y yo diezmo. Cada sábado por la noche, nos reunimos como familia e individualmente preparamos nuestro diezmo. Les estoy enseñando la prioridad escritural de dar." Esto es lo que significa criar un hijo.

Los niños que han sido criados en hogares piadosos generalmente continúan con hábitos correctos debido a la crianza y a la formación que sus padres les dieron. Esta formación involucra educarles en cosas prácticas.

Formación Bíblica

La Biblia, desde luego, es el libro de texto primario para la formación de los hijos en el hogar cristiano. La formación bíblica debe iniciar en el hogar. En 2 Timoteo 3:15, Pablo dijo a Timoteo: "*Y que desde la niñez has sabido las Sagradas Escrituras, las cuales te pueden hacer sabio para la salvación.*"

Desde que era un jovencito, Timoteo fue enseñado con las Escrituras. Esta es una de las razones por las cuales él era un líder fuerte y vibrante. Los niños pueden aprender mucho más de lo que usted piensa que pueden. Formarles involucra lectura familiar de la Biblia, devoción familiar y brindarles las herramientas que necesitan para edificar una vida piadosa.

Los niños que están creciendo en la sociedad presente están enfrentándose constantemente con influencias malvadas. Necesitan versículos de la Biblia y enseñanza de Mamá y Papá que les ayudará a combatir la maldad. Padres, no les hará daño el que ustedes se sienten y digan, "Déjame mostrarte de la Biblia por qué no debemos ver este programa de televisión. El programa se burla de nuestro Dios. Se burla del papá y de la mamá y de lo que la Biblia dice del hogar. También hace que la homosexualidad parezca normal, pero la Palabra de Dios dice que eso es algo malvado."

Cuando nuestros hijos enfrenten los desafíos de vivir, van a necesitar crianza, formación y dirección. No sólo debemos nombrar lo que está bien o mal, debemos de explicarlo de manera que entiendan. Si vamos a seguir la amonestación bíblica, debemos de tomar el tiempo de impartir instrucción.

Siempre recuerde que las reglas sin relación traen rebelión. Una relación de iglesia o familia que consiste solamente en reglas sin crianza es devastadora. En el presente, hay muchos cristianos rebeldes. Aunque ellos son responsables por sus acciones y rendirán cuentas a Dios personalmente de sus vidas, mucho de su rebelión puede ser trazado a un escenario de "reglas sin relación."

Amonésteles

Es una necesidad que los padres amonesten a sus hijos. La Biblia dice en Efesios 6:4, "*Y vosotros, padres, no provoquéis a ira a vuestros hijos, sino criadlos en disciplina y amonestación del Señor.*" La palabra *amonestación* implica ánimo y educación. Nuestros hijos necesitan esto de nuestra parte.

Ánimo en el Señor

Los niños necesitan ser enseñados del amor y la aceptación que Dios tiene por ellos. Pueden aprender este principio a través de un padre quien les acepta apropiadamente y les enseña la Palabra de Dios. Las palabras que habló Moisés en Deuteronomio 6:6–7 necesitan ser atendidas en el presente: "*Y estas palabras que o te mando hoy, estarán sobre tu corazón; y las repetirás a tus hijos.*" Dios dijo que Él quería que ellos hablaran de la Biblia mientras caminaban, conversaban, y tenían compañerismo. Dejemos que este sea una manera cotidiana de vida en el hogar cristiano. Debe ser un hábito.

Ánimo en la Institución del Señor

¿Sienten sus hijos que su hogar es un lugar especial de aliento? Él debe saber que su papá es un hombre que le tiene cuidado y que su mamá es un dama especial. ¿Ha conducido últimamente cerca de una secundaria? Habrá chicos entre los doce y trece años de edad frente a la escuela abrazándose y besándose. Ver esto al nivel de secundaria es un verdadero shock. Los hijos van a obtener amonestación, ánimo, y atención de alguna parte, aún si usted no se las da en casa.

La iglesia no puede resucitar lo que el hogar ha matado. Ambas entidades deben trabajar juntas. ¿Tiene usted el corazón de Dios para su familia?

> Tomé una pieza de plastilina
> Y ociosamente la moldeé un día;
> Mientras aún mis dedos la amasaban,
> La moví y la rendí a mi voluntad.
>
> Vino el tiempo cuando los días habían pasado,
> Y este trozo de plastilina finalmente endureció;
> La forma que le di, aún me aburrió,
> Pero cambiar la forma no pudo a mi decisión.
>
> Tomé un poco de plastilina viviente
> Y gentilmente la formé constantemente
> Y moldeé con poder e inspiración,
> A un jovencito con un corazón suave y rendido.
>
> Llegué otra vez cuando los años habían pasado.
> Fue un hombre a quien absorto.
> Él aún tenía aquella impresión,
> Y yo no pude nunca más cambiar su corazón.
>
> Autor desconocido

No estoy seguro de que los padres se den cuenta de lo que tienen cuando Dios les da un hijo. Cada actitud, acción, y emoción le afecta. Estamos enviando mensajes a nuestros hijos cuando estamos demasiado ocupados con trabajo y con otras cosas que no podemos pasar tiempo con ellos. Nuestra falta de atención y amor pueden causar efectos que durarán el resto de sus vidas. Padres, es imperativo que aceptemos nuestra responsabilidad, que estemos disponibles para nuestros hijos, que les amonestemos, y que les proveamos de alimento espiritual que sólo nosotros podemos dar.

Este capítulo no sólo fue escrito para aquellos padres que crecieron en un hogar cristiano y que vieron el patrón bíblico. Dios puede tomar a alguien que nunca ha visto un hogar cristiano bíblico, cambiar su corazón, y enseñarle cómo puede tener la clase correcta de hogar. Mientras aprendemos a tener el corazón de Dios para nuestros chicos, ¡podemos criarlos de acuerdo a Su voluntad y para Su gloria!

PARTE CUATRO

El Corazón de Dios para Los Desolados

CAPÍTULO DIEZ

Un Corazón para Dios Cuando en Alta Presión

En aquel tiempo Herodes el tetrarca oyó la fama de Jesús, y dijo a sus criados: Este es Juan el Bautista; ha resucitado de los muertos, y por eso actúan en él estos poderes. Porque Herodes había prendido a Juan, y le había encadenado y metido en la cárcel, por causa de Herodías, mujer de Felipe su hermano; porque Juan le decía: No te es lícito tenerla. Y Herodes quería matarle, pero temía al pueblo; porque tenían a Juan por profeta. Pero cuando se celebraba el cumpleaños de Herodes, la hija de Herodías danzó en medio, y agradó a Herodes, por lo cual éste le prometió con juramento darle todo lo que pidiese. Ella, instruida primero por su madre, dijo, Dame aquí en un plato la cabeza de Juan el Bautista. Entonces el rey se entristeció; pero a causa del juramento, y de los que

*estaban con él a la mesa, mandó que se la diesen, y
ordenó decapitar a Juan en la cárcel. Y fue traída su
cabeza en un plato, y dada a la muchacha; y ella la
presentó a su madre. Entonces llegaron sus discípulos, y
tomaron el cuerpo y lo enterraron; y fueron y dieron las
nuevas a Jesús. Oyéndolo Jesús, se apartó de allí en una
barca a un lugar desierto y apartado; y cuando la gente
lo oyó, le siguió a pie desde las ciudades. Y saliendo
Jesús, vio una gran multitud, y tuvo compasión de ellos,
y sanó a los que de ellos estaban enfermos. Cuando
anochecía, se acercaron a él sus discípulos, diciendo:
El lugar es desierto, y la hora ya pasada; despide a la
multitud, para que vayan por las aldeas y compren de
comer. Jesús les dijo, No tienen necesidad de irse; dadles
vosotros de comer. Y ellos dijeron, No tenemos aquí
sino cinco panes y dos peces. El les dijo, Traédmelos acá.
Entonces mandó a la gente recostarse sobre la hierba; y
tomando los cinco panes y los dos peces, y levantando
los ojos al cielo, bendijo, y partió y dio los panes a los
discípulos, y los discípulos a la multitud. Y comieron
todos, y se saciaron; y recogieron lo que sobró de los
pedazos, doce cestas llenas. Y los que comieron fueron
como cinco mil hombres, sin contar las mujeres y los
niños.*—Mateo 14:1–21

Tal vez usted haya escuchado la historia de Chippie el
perico. Chippie el perico nunca anticipó lo que venía.
Un día, estaba tranquilamente parado en la percha de su
jaula; y en un momento fue succionado, lavado, y soplado.
El problema llegó cuando la dueña de Chippie decidió
limpiar la jaula de Chippie con una aspiradora. Ella quitó
el aditamento de un extremo de la manguera y la metió en

la jaula. El teléfono sonó, y ella volteó a contestarlo. Apenas había dicho "hola," cuando-¡swoop!-Chippie fue aspirado. La dueña quedó boquiabierta, dejó el teléfono, apagó la aspiradora, y abrió la bolsa. Allí yacía Chippie, quien aún vivía, aunque aturdido. Como el pájaro estaba cubierto de polvo y hollín, la dueña lo tomó, corrió al baño, abrió a la llave, y puso a Chippie bajo el chorro de agua. Después de que se dio cuenta que Chippie estaba empapado y temblando de frio, ella hizo lo que cualquier dueño compasivo de aves haría. Tomó la secadora de pelo y lanzó una ráfaga de aire caliente a la mascota. ¡Pobre Chippie, nunca supo qué le pegó! Unos días después del trauma, el reportero que había escrito acerca del evento contactó a la dueña de Chippie para ver cómo se estaba recuperando el ave. "Bueno," contestó la dueña, "Chippie ya no canta mucho. Tan sólo se sienta y se queda mirando fijamente."

La historia de Chippie me recuerda de algunos de los días que cada uno de nosotros enfrentamos en la vida. Comenzamos cantando sobre nuestra percha, y al terminar el día solo estamos sentados, mirando fijamente al infinito. Este tipo de comportamiento puede ser causado por diferentes eventos y pruebas. Diferentes presiones pueden aumentar en las vidas de cada uno de nosotros. Cuando esto sucede, gran consuelo puede hallarse en el hecho que Jesucristo ya ha experimentado las pruebas que estamos enfrentando. Hebreos 4:15 es un versículo confortador: "*Porque no tenemos un sumo sacerdote que no pueda compadecerse de nuestras debilidades, sino uno que fue tentado en todo según nuestra semejanza, pero sin pecado.*" Sentado a la diestra de Dios el Padre, nuestro gran Sumo Sacerdote ya ha experimentado los sentimientos y las pruebas que estamos atravesando. Si somos salvos, tenemos un Sumo Sacerdote a quien podemos orar. Podemos mantener un corazón para Dios cuando parece como si hubiéramos sido aspirados, soplados, secados, y dejados sentados con la mirada fija a la eternidad. Necesitamos seguir el ejemplo de Jesucristo cómo nos muestra que manejemos las presiones de la vida.

La Presión de la Pérdida Personal

Note primero que dice en Mateo 14:12, "*Entonces llegaron sus discípulos, y tomaron el cuerpo y lo enterraron; y fueron y dieron las nuevas a Jesús.*" El día para Cristo apenas estaba iniciando, y ya había recibido noticias terribles.

Juan el Bautista

Lo primero que Cristo escuchó aquel día fue de la pérdida de Su querido amigo, Juan el Bautista. Averiguó que el monarca complacedor de gente, lujurioso e incestuoso, había matado a Juan el Bautista. A Cristo le importaba profundamente a Juan el Bautista porque predicaba directo de la Palabra de Dios. El no cedió a sus convicciones aún cuando estaba en la casa del gobernador. Cristo conocía a Juan el Bautista personalmente, y fue bautizado por él. El día de Jesús inició con las noticias de que el rey había decapitado a Juan el Bautista para complacer a una mujer lujuriosa e impía.

Cristo sintió la presión de la pérdida personal. El perfecto Hijo de Dios vino de la gloria celestial y caminó sobre esta tierra de tal manera que pudiera mostrarnos que Él entiende lo que nosotros sentimos. En el caso de la muerte de Lázaro, la Biblia nos dice en Juan 11:35, "*Jesús lloró.*" Jesucristo conoce la prueba de una pérdida personal. Colosenses 2:9 dice, "*Porque en él habita corporalmente toda la plenitud de la Deidad."* Aunque era cien por ciento Dios, también era cien por ciento hombre. La gente sin el Señor debe enfrentar tales tragedias sola. Agradezco a Dios que nosotros podemos acudir al Señor Jesucristo. Él conoce el sentir de nuestra debilidad. Él entiende, y el Espíritu Santo viene a confortarnos.

La Presión de la Amenaza Política

Si Cristo sólo hubiera tenido que enfrentar la muerte de Juan el Bautista aquel día y nada más, ya hubiera sido suficiente. Cristo también sintió la presión de la amenaza política. La Biblia dice en Mateo 14:13, *"Oyéndolo Jesús, se apartó de allí en una barca a un lugar desierto y apartado."*

Herodes

Herodes no era un simpatizante del ministerio de Cristo. Era un hombre sumamente celoso y perverso. El hombre que había asesinado a Juan el Bautista no toleraría la popularidad de nadie más en su jurisdicción. La Biblia dice que Cristo dejó el área rápidamente. Sabía lo que era vivir bajo el escrutinio político del mundo. Fue este tipo de presión la que en última instancia lo llevó a la cruz. Nuestro pecado le clavo allí, pero la gente de su tiempo quienes no querían que su fama y poder fuera conocida son igualmente responsables. Nosotros también vivimos en un día en el que los cristianos están siendo llamados "la derecha radical" simplemente por creer la Biblia. Agradecemos mucho a Dios que nuestro Salvador fuera un fiel ejemplo aun en medio de la amenaza política.

Líderes Religiosos

Cristo fue amenazado no sólo en el área de la política, sino que también, en el área de la religión. La Biblia nos dice en Mateo 27:1, "*Venida la mañana, todos los principales sacerdotes y los ancianos del pueblo entraron en consejo contra Jesús, para entregarle a muerte.*" Si un hombre o una mujer decide permanecer firme a favor de la verdad, seguro que enfrentará amenazas y pruebas.

Aún en los Estados Unidos de Norteamérica, hay ahora mismo algunos riesgos ocupacionales por ser pastor. Los medios de comunicación son rápidos en dar a conocer de los artículos de oro del baño que algunos líderes religiosos poseen; pero nadie escucha de las demandas, juicios, o presiones que enfrentan pastores honestos. Ya no son sólo a doctores a quienes se le demanda. Uno no escucha todas esas historias, pero las iglesias a menudo son el blanco de ataques hostiles física y legalmente. Estamos viviendo en un mundo de "demanda-loca." Los medios desprecian a los cristianos fundamentales. Ellos disfrutan el agrupar a las sectas y a los cristianos. La amenaza religiosa es abundante en el presente. Cristo conoció todo acerca de este tipo de amenaza. Vivió bajo este tipo de presión de manera constante. De hecho, en una ocasión, los líderes religiosos ¡clamaron que Cristo recibía sus poderes de fuentes demoníacas!

El día para nuestro Señor comenzó con una gran pérdida personal, y continuó con la abrumadora nube de la amenaza política. En una palabra, pudo haber llamado a diez mil ángeles para destruir a Herodes, pero no era la voluntad de Dios el hacer eso. Jesucristo siguió adelante, de acuerdo con Su plan.

La Presión sobre el Tiempo en Privado

Oyéndolo Jesús, se apartó de allí en una barca a un lugar desierto y apartado; y cuando la gente lo oyó, le siguió a pie desde las ciudades. Y saliendo Jesús, vio una gran multitud, y tuvo compasión de ellos, y sanó a los que de ellos estaban enfermos. —Mateo 14:13–14

Los discípulos dijeron que ya empezaba a oscurecer, y que la gente no había comido. "Enviémosles a otra parte y continuemos con esto otro día." Cristo no había terminado enseñando las Escrituras a la multitud. Dijo que le trajeran los panes y los peces. Había como cinco mil hombres. Incluyendo a las mujeres y a los niños, probablemente había de diez a trece mil personas presentes aquel día. Éste fue el mismo día que Cristo había experimentado pérdida personal y amenaza política. Aún así, sin ningún egoísmo, ministró a las multitudes. Después de haber recibido las malas noticias en lo tocante a Juan el Bautista, Jesús iba a ir a un lugar desierto. Él y sus discípulos iban a ir allí para pasar un poco de tiempo alejados de los demás. De hecho, cuando comparamos el evangelio de Mateo con el de Marcos, aprendemos que los discípulos y el Señor estaban orando y regocijándose juntos antes que llegara allí la multitud. Estaban reanimándose. Apenas habían empezado, cuando las multitudes vinieron y comenzaron a hacer presión en el Señor Jesucristo.

La Multitud Siguió a Jesús a Betsaida.

Para el momento en el que Cristo y sus discípulos habían llegado a Betsaida, miles de personas se habían reunido alrededor del Señor. Habían viajado como diez kilómetros alrededor del Mar de Galilea para encontrar a Jesucristo. Es impresionante que tan a menudo lo que buscamos y lo que encontramos, sean dos cosas totalmente diferentes. Jesucristo estaba buscando un momento de soledad. Todo lo que Él quería era un tiempo para reflexionar, llorar, y planear. Pero tan pronto como encontró ese momento de soledad, las presiones y las demandas aumentaron otra vez.

Los padres jóvenes se pueden identificar con esto. Ansiosamente esperan a su bebé durante nueve meses. No pueden esperar para tener ese precioso manojo de gozo. Quieren abrazar y mimar al bebé. Hay muchas cosas que quieren hacer cuando llega el bebé. Entonces, dentro de los primeros días, usted aprende una nueva palabra que nunca antes había conocido: *cólico*. Ahora dice, "Olvídate de mimar y todo lo demás. ¡Nada más calla a ese niño!" ¡Lo que usted estaba esperando y con lo que acabó recibiendo, fueron dos cosas totalmente diferentes!

Algunas veces experimentamos lo mismo con las vacaciones. Tenemos todo planeado. Sabemos lo que vamos a usar de ropa, cómo va a estar el clima, dónde está el lugar para pescar, y cuándo van a picar los peces. Planeamos exactamente cómo serán las cosas. No siempre resultan las cosas así, ¿verdad?

Nunca olvidaré nuestras vacaciones familiares de hace algunos veranos. Íbamos rumbo a las montañas al sureste de Colorado para ver a mis abuelos algunos días. ¡Esas vacaciones me enviaron directo al hospital! Apenas iniciando las vacaciones, estaba deslizándome hacia abajo el Descenso Alpino con mi hija. Nuestro trineo se volcó, y antes de que nos diéramos cuenta, nos estábamos resbalando cuesta abajo sobre la resbaladilla de cemento con nuestra piel raspándose y arañándose. Mi cuerpo se inflamó debido a una reacción alérgica, y todo lo que podía pensar era, "Dios, tan sólo llévame a casa vivo. ¡Nunca voy a tomar otras vacaciones otra vez!"

Cristo planeó alejarse de la multitud. Todo lo que Él quería era un poquito de tiempo para orar y planear, pero el gentío tenía necesidades. Sus almas necesitaban el Evangelio. Sus vidas necesitaban la ayuda de la Palabra. Sus corazones necesitaban la presencia de Jesucristo. Él no dijo, "Amigos, ustedes no entienden, he pasado un mal día. Revisé el asunto con mi sindicato. Tengo algo de tiempo libre a la puerta, y voy a tomármelo. Luego nos vemos." Mateo 14:14 dice, "*Y saliendo Jesús, vio una gran multitud, y tuvo compasión de ellos, y sanó a los que de ellos estaban enfermos.*"

Demandaban Su Atención

La multitud demandaba Su atención. Vinieron a Él hambrientos y necesitados de ayuda. Debido a Su compasión, pasó tiempo con ellos y usó lo que Él tenía para ayudarles. Usando solo cinco panes y dos peces, Cristo alimentó a la gente. Hizo todo lo que pudo para ayudarles.

Hay días en los que a las mamás les gustaría tener tan solo un momento de quietud para ellas mismas. Tan solo les gustaría relajarse mientras disfrutan una taza de té y leen un libro. Pueden planearlo todo, pero eso no significa que sucederá.

Tan solo cuando los niños salen para ir a la escuela en las mañanas y mi esposa está lista para tener un momento de soledad, Mateo se despierta y se levanta de la cama. Tiene algunas necesidades que van a ser satisfechas ya sea o no que ella esté planeándolo. Normalmente, las primeras dos palabras que salen de su boca son, "¡Tengo hambre!" A menudo dirá, "Quiero comida ahora mismo." Estará demandándolo. Lo que queremos y lo que obtenemos no siempre es lo mismo porque hay gente y circunstancias que demandan nuestra atención.

Así es como la gente era con Cristo. Estaba experimentando la presión de la pérdida personal, la presión de la amenaza política, y la presión de no tener suficiente tiempo; pero aún así Él tomó el tiempo para ser una bendición a ellos.

La Presión de Preparar Discípulos

Junto con las otras presiones de Cristo, fue añadida una cuarta. Hubo de enfrentarse con la presión de preparar a los discípulos y llevarlos de la infancia espiritual a la madurez espiritual. Cristo sabía que un día, después de que Él ascendiera al cielo, sería trabajo de ellos el continuar con el ministerio. Los discípulos necesitaban aprender la verdad de la Palabra de tal forma que pudieran mantenerse enfocados en las cosas importantes.

Mateo 14:22 dice, "*En seguida Jesús hizo a sus discípulos entrar en la barca e ir delante de él a la otra ribera, entre tanto que él despedía a la multitud.*" Las necesidades de la multitud habían sido satisfechas, y finalmente estaban camino a casa. Cristo dijo a sus discípulos que fueran al otro lado del lago donde se reuniría con ellos para tener una plática con ellos. El versículo 23 dice, "*Despedida la multitud, subió al monte a orar aparte; y cuando llegó la noche, estaba allí solo.*" En el aire fresco de la noche, al lado del monte, nuestro Señor pudo hablar con Su Padre Celestial. Era tiempo para orar. En un día, había perdido a un amigo muy estimado, había sufrido la preocupación por Herodes, se había regocijado con sus discípulos, sentido compasión que le llevó a alimentar a miles, sanado a los enfermos, y habia pasado tiempo enseñando, aconsejando, y ayundando. Cristo estaba cansado y quería un momento a solas. Finalmente, ese momento llegó.

Mientras Él Ora, ¡Les Ve en Problemas!

La Biblia dice en Mateo 14:24–25, "*Y ya la barca estaba en medio del mar, azotada por las olas; porque el viento era contrario. Mas a la cuarta vigilia de la noche, Jesús vino a ellos andando sobre el mar.*" Cristo estaba en el monte, orando y descubriendo su corazón ante el Padre. De pronto, el mar captó Su atención. Allí, sus doce discípulos estaban en problemas otra vez, próximos a ser arrojados en medio del mar.

Camina Sobre el Agua a Ellos

Cristo pasó un día entero y parte de la noche sin descansar o sin pasar tiempo suficiente con Su Padre. Sin embargo, a la cuarta vigilia, Él salió caminando para llegar con sus discípulos a la mitad del mar. Iba a emplear esta ocasión para enseñar a los discípulos una vez más. El versículo 26 dice, "*Y los discípulos, viéndole andar sobre el mar, se turbaron, diciendo, ¡Un fantasma! Y dieron voces de miedo.*" Aún si Cristo está tratando de ayudar, la mayoría de los cristianos van a clamar de temor cuando están en problemas. Se ponen tan nerviosos, que no pueden ver al Señor trabajando en sus vidas. Los discípulos no sabían qué pensar.

Los versículos 27 y 28 dicen, "*Pero en seguida Jesús les habló, diciendo: ¡Tened ánimo; yo soy, no temáis! Entonces le respondió Pedro, y dijo, Señor, si eres tú, manda que yo vaya a ti sobre las aguas.*" Pedro siempre era el primero en hablar.

Los versículos 29 al 31 dicen, "*Y él dijo, Ven. Y descendiendo Pedro de la barca, andaba sobre las aguas para ir a Jesús. Pero al ver el fuerte viento, tuvo miedo; y comenzando a hundirse, dio voces, diciendo: ¡Señor, sálvame! Al momento Jesús, extendiendo la mano, asió de él, y le dijo, ¡Hombre de poca fe! ¿Por qué dudaste?*"

Demasiada gente desdeñan a Pedro por hundirse en el agua, pero él debiera ser honrado por tratar de caminar sobre el agua. No debiéramos desperdiciar nuestro tiempo criticando a cristianos quienes no hacen lo que pensamos que debieran hacer. Necesitamos ser agradecidos por lo que *han* hecho. Si fracasan, debemos animarlos para que se levanten e intenten otra vez. De vez en cuando, todos cometeremos errores. Vamos a enfrentar problemas y pruebas, así que, debemos animar a la gente y ser agradecidos por lo que han hecho.

Pedro llegó a estar temeroso y comenzó a ver todos sus problemas. Vio olas rodeándole. La razón que tuvo para salir al agua fue para probar a Dios. Su inquietud confundió su razón.

A veces en la vida cristiana daremos un paso por fe. Planeamos hacer algo grande para Dios, pero de pronto quitamos nuestra vista de Cristo. El clamor comienza con "Mira todos estos problemas. Mira esta economía. ¿Escuchaste las noticias anoche? ¿A dónde va a parar en este mundo? No estoy seguro de que uno pueda realmente tener un buen matrimonio hoy en día y en esta época. No estoy seguro que uno puede realmente permanecer con trabajo." Nuestras inquietudes confunden nuestra razón.

El razonamiento de Pedro le dijo, si realmente Dios estuviera allí afuera caminando sobre el agua, entonces él podría hacer exactamente lo que Dios le dijo que hiciera. Cristo dijo, "Ven." Si usted ha salido del bote y está caminando por fe, mantenga sus ojos en Cristo. No vea a los problemas que le rodean.

Cristo perdió a un amigo muy querido, enfrentó amenazas políticas, ministró a miles de personas, y les alimentó. Finalmente, Él pudo ir al monte para tener un breve momento de oración y soledad. Cuando miró, vio a gente en problemas. Estos eran aquellos quienes iniciarían iglesias, propagarían la llama del avivamiento, y harían las grandes obras del primer siglo. Tenía que ir y ayudarles. Tenía que prepararles y enseñarles a incrementar su fe.

¿Cuántas veces Pedro miraría atrás al momento en que anduvo sobre el agua? ¿Cuántas veces, mientras predicaba y se burlaban de él, recordaría el momento cuando Cristo dijo, "Ven, Pedro. Quita tus ojos de la tormenta y mantenlos en Mí?" Cristo sabía cuán importante era ese momento.

Cuando usted enfrenta esos periodos de veinticuatro horas cuando la presión nunca cesa, Jesucristo conoce todos sus problemas. No sólo los conoce, sino que Él ya los ha experimentado.

Un día estaba jugando basquetbol con mi hijo Larry. Teníamos una canasta en el patio trasero, y le estaba intentando enseñar cómo encestar. Hice algunos tiros, y Larry miró y dijo, "Papá, es fácil para ti desde allá arriba, pero es difícil para mí desde aquí abajo."

Eso es algo que yo nunca podré decirle a mi Salvador. Nunca puedo decir, "Dios, es fácil para Ti porque estás hasta allá arriba. Tú eres Dios, y estás en las calles de oro. Pero, Señor, yo no puedo hacerlo desde aquí abajo." La Biblia nos dice que Dios vino a la tierra, anduvo por estos caminos, y sufrió este dolor. Soportó pruebas y dificultades. Incluso tuvo verdaderamente largos y difíciles días, pero Él terminó su obra. Jesucristo terminó completamente lo que vino a hacer.

La Biblia nos enseña que nuestro Salvador entiende las pruebas que a veces debemos experimentar porque Él pasó tiempo sobre la tierra en la forma de un hombre. Podemos acercarnos a Él confiadamente. La Biblia dice en Hebreos 4:16, *"Acerquémonos, pues, confiadamente al trono de la gracia."* Podemos entrar en la presencia de nuestro Sumo Sacerdote. Él conoce exactamente de lo que estamos hablando, y Él entiende.

El 15 de febrero de 1921, en la ciudad de Nueva York en el Hospital Kane's Summit, un doctor se estaba preparando para realizar una apendicetomía. El doctor había realizado cuatro mil cirugías previas, pero iban a haber dos diferencias importantes en esta operación en particular. Estas cosas nunca antes habían sido hechas. Este doctor, era un cruzado en contra de la anestesia general, iba a utilizar anestesia local. Buscó y buscó a un voluntario, pero no pudo encontrar ninguno. Finalmente, después de una búsqueda exhaustiva, surgió un voluntario. El paciente fue preparado y llevado al quirófano. El apéndice fue removido exitosamente, y el paciente estaba bien. Así que, ¿cuáles fueron esas dos diferencias con esta cirugía que nunca antes habían sido hechas? La primera diferencia fue el simple hecho de que sólo se utilizó anestesia local. El Dr. Kane había probado su teoría. La segunda diferencia mayor fue el paciente. ¡El doctor había realizado la cirugía en sí mismo!

Jesucristo se volvió hombre de tal manera que pudiera conocer nuestros dolores y problemas. En efecto, Cristo experimentó la vida para probar que usted y yo podamos pasar cada cosa que vamos a enfrentar. Cuando no se encontró a ningún voluntario para la cirugía, el doctor realizó la cirugía en sí mismo. Para nuestro pecado no había otro remedio que el Señor Jesucristo. El se ofreció como voluntario y se entregó. Él nos amó. Personalmente fue, sufrió el dolor y la prueba, soportó las dificultades, y entonces, murió sobre una cruz por nuestros pecados. Él fue el Dios personal que cada uno necesitaba. Murió por todos nosotros.

Entendamos lo que Cristo hizo cuando vino a la tierra. Vivió una vida perfecta sin pecado para que pudiera ser la expiación perfecta por nuestros pecados. Cuando Cristo murió en la cruz, su sangre fue derramada por la humanidad. La única manera que los pecados pueden ser perdonados es a través de Jesucristo. Lleve todas las presiones y las cargas de su pecado a Jesucristo.

Cristiano, si usted está experimentando pruebas y contra tiempos, recuerde que Él ya los ha soportado todos por usted. No importa qué venga en su camino, Jesucristo simplemente dice que Él ya ha estado allí, y que nos ama. Él nos ayudará a través de esto. Jesucristo puso el ejemplo perfecto para usted, y mientras mantenga su corazón enfocado en Su vida y la Palabra de Dios, ¡usted también experimentará la victoria sobre el monte de las presiones de la vida!

CAPÍTULO ONCE

Consuelo Para
El Corazón

*Porque quiero que sepáis cuán gran lucha sostengo
por vosotros, y por los que están en Laodicea, y por
todos los que nunca han visto mi rostro; para que
sean consolados sus corazones, unidos en amor, hasta
alcanzar todas las riquezas de pleno entendimiento,
a fin de conocer el misterio de Dios el Padre, y de
Cristo, en quien están escondidos todos los tesoros
de la sabiduría y del conocimiento. Y esto lo digo
para que nadie os engañe con palabras persuasivas.
Porque aunque estoy ausente en cuerpo, no obstante
en espíritu estoy con vosotros, gozándome y
mirando vuestro buen orden y la firmeza de vuestra
fe en Cristo. Por tanto, de la manera que habéis
recibido al Señor Jesucristo, andad en él; arraigados
y sobreedificados en él, y confirmados en la fe, así*

*como habéis sido enseñados, abundando en acciones
de gracias. Mirad que nadie os engañe por medio de
filosofías y huecas sutilezas, según las tradiciones de los
hombres, conforme a los rudimentos del mundo, y no
según Cristo.*—Colosenses 2:1–8

Cuando era un adolescente, mi familia vivía en Seúl,
Corea del Sur. Mis papás eran misioneros, y estaban
iniciando una iglesia cerca a la zona desmilitarizada, apenas
a unos cientos de yardas del Corea del Norte. Una noche en
1976, estaba en casa con mis hermanos más pequeños y mi
hermana. Estábamos haciendo las tareas y disfrutando de
la tarde. Sabíamos que estábamos viviendo en un país que
había sido dividido por la guerra. Antes de mudarnos a Seúl,
se nos había advertido de todo el peligro. Había una amenaza
constante de una agresión de parte de Corea del Norte. De
hecho, en cuestión de minutos, jets Norcoreanos con gran
potencial de bombardeo podían volar justo encima de Seúl.

En esta noche en particular mientras estábamos
solos en casa, algo muy extraño comenzó a tomar lugar.
Mientras viva nunca lo olvidaré. No sólo se fue cada luz de
la casa y del vecindario, sino que también se fue la luz de la
ciudad de ocho millones de habitantes. Era una sensación
extraña. Estábamos en un país extraño, y cada luz estaba
apagada. Nuestros padres estaban en algún lugar cerca de
Corea del Norte y se preguntaban qué estaba pasando.

De pronto, señaladores de la artillería comenzaron
a disparar para iluminar el cielo. Podíamos ver tanques
moviéndose junto a las calles. Algunos incluso entraron en
los recintos donde vivíamos. Desde la ventana de la sala
observamos a soldados bloquear la carretera justo enfrente
de nuestra casa. Estaba siendo convertida en una pista

de aterrizaje, ¡y aviones de combate F-15 comenzaron a aterrizar en la carretera enfrente de nuestra casa! ¡Solo era otra noche emocionante en el campo misionero! ¡Los jets bajaban y despegaban, los soldados estaban marchando, y los señaladores estaban volando! De una distancia de más o menos media milla, oíamos el sonido de los pies de los soldados marchando con cadencia.

No sabíamos qué estaba pasando, le dije a mi hermano Mark: "Ve a la cocina y toma algunos de los cuchillos grandes para carne. Esconde a Stephen (nuestro hermano menor) y a Elizabeth en la planta baja. Ponlos debajo de la cama y diles que estén bien callados. Tú vienes conmigo, y nos esconderemos en el closet con los cuchillos para carne." ¡Nos sentamos allí con nuestros cuchillos para carne esperando a los soldados comunistas mientras las pisadas se escuchaban cada vez más cerca! ¡Nuestra peor pesadilla se estaba volviendo realidad! Mamá y papá estaban cerca a Corea del Norte, justo en la frontera. Estábamos solos, y la guerra había iniciado.

De pronto, ¡alguien estaba golpeando nuestra puerta! Al mismo tiempo, el teléfono sonó. No sabía por qué aún estaba funcionando el teléfono, pero así era. Pensé que para entonces los comunistas habrían cortado la línea telefónica. En el otro lado de la línea telefónica, mi papá dijo, "Mark, todo esto no es otra cosa que un ejercicio militar. Terminará en un par de horas." Mark bajó y comenzó a abrir la puerta.

Yo dije, "Mark, ¿qué estás haciendo? Hay comunistas justo afuera. ¡No abras la puerta! Vamos a morir."

Él abrió la puerta y les dijo en coreano: "¡Somos misioneros! Esta es una casa misionera"

Ellos dijeron, "Oh, está bien. ¡Hola, misionero!" ¡Se fueron y siguieron a la próxima casa! De alguna manera estábamos avergonzados pero con gran alivio, ¡y toda nuestra confusión se convirtió finalmente en una bienvenida!

Mientras el apóstol Pablo escribía a la Iglesia en Colosas, escribió a algunas personas cuyos corazones también estaban grandemente atribulados. En Colosenses 2:1 él dice, *"Porque quiero que sepáis cuán gran lucha sostengo por vosotros, y por los que están en Laodicea."* La palabra "lucha" significa "agonía." Pablo era como la mamá enviando a su niño de preescolar a la escuela el primer día o un papá poniendo a su hijo en un avión y enviándole a Vietnam sin saber si alguna vez le volverá a ver de nuevo. Estaba preocupado y lleno de agonía por ellos.

Pablo estaba extremadamente preocupado por la iglesia en Colosas porque había dos filosofías prevalecientes en la ciudad en aquel tiempo. Aunque el apóstol Pablo estaba encarcelado en Roma, estaba consciente de las filosofías en Colosas. Una filosofía era llamada gnosticismo. El gnosticismo involucra la adoración a los ángeles. Los gnósticos creían que Cristo era uno de los seres angelicales más grandes, pero no creían en la deidad del Hijo de Dios. Los gnósticos estaban intentando jalar a bebés en Cristo para alejarlos de su recién encontrada fe.

Otra creencia era el misticismo. El misticismo es una forma de especulación y adoración espiritual. Era prevaleciente en Colosas y también prevalece en nuestros días. Norteamérica tiene todo tipo de filosofías de la Nueva Era, religiones, y gurúes religiosos propagando en el presente el misticismo.

Cada cristiano enfrenta una lucha espiritual. Debemos enfrentarnos a sectas y diferentes filosofías tales como el globalismo, humanismo, y el movimiento de la Nueva Era. Cada día nuestra fe es probada. Durante estos tiempos, nuestro corazón y espíritu necesitan consuelo, ayuda, y fortalecimiento.

Completa Seguridad de Su Relación Con Cristo

Completa Seguridad de Entender

La primera forma en la que el Señor consuela nuestros corazones es al asegurarnos de nuestra relación con Él. *"Para que sean consolados sus corazones, unidos en amor, hasta alcanzar todas las riquezas de pleno entendimiento, a fin de conocer el misterio de Dios el Padre, y de Cristo"* (Colosenses 2:2). El término "pleno entendimiento" significa "a toda vela." Los cristianos necesitan estar "a toda vela" en su relación con Cristo. Podemos vivir la vida cristiana con confianza. No hay nada peor que estar plagado con dudas y confusión acerca de su salvación. Pensamientos como este son muy inquietantes: "¿Realmente soy salvo? Si muriera, ¿iría al cielo? Espero que sí, pero no estoy seguro. ¿Estoy realmente seguro de quién es Cristo y de que la muerte en la cruz se aplica a mí?" Pablo les estaba dando consejo para que tuvieran completa seguridad de su relación con Jesucristo.

Pablo escribió en Colosenses 1:9: *"Por lo cual también nosotros, desde el día que lo oímos, no cesamos de orar por vosotros, y de pedir que seáis llenos del conocimiento de su voluntad en toda sabiduría e inteligencia espiritual."* Usted necesita entender su posición con Dios y conocer Su voluntad para su vida. La Biblia dice en 2 Timoteo 1:12b, *"Porque yo sé a quién he creído, y estoy seguro que es poderoso para guardar mi depósito para aquel día.*" Pablo sabía sin ninguna duda dónde estaba parado en su relación con Dios.

¿Tiene usted completa seguridad en lo que su posición con Dios significa? ¿Está su corazón confiado en lo que se refiere a su relación con Cristo? ¡Usted puede tener la seguridad en su corazón cuando su relación con Dios descansa en los meritos de la obra consumada de Cristo!

Esto es a lo que se refería Pablo cuando habló de "conocer el misterio." El misterio de acuerdo a Colosenses 1:27b, es *"Cristo en vosotros, la esperanza de gloria."* Dios quiere que sus hijos tengan corazones llenos con esperanza.

Durante esa misteriosa noche en Seúl, yo me preguntaba qué estaba pasando y tenía muy poca esperanza. Una vez que el misterio me fue revelado, tuve esperanza una vez más. Supe que no habría problema cuando la noche llegara a su fin. La manera en la que usted va a tener esperanza es el tener una seguridad y entendimiento en lo concerniente al misterio. El misterio para el judío es que Jesucristo trajo salvación al judío y al gentil igualmente. No importa que prueba esté enfrentando en el presente o que tan difícil parezca la vida, hay esperanza cuando usted sabe que Cristo está en su corazón, pero usted necesita recibirle personalmente. No hay razón por la cual uno deba vivir en oscuridad espiritual. ¡Dios ha revelado el misterio!

Cuando los tiempos sean difíciles, las tribulaciones vengan, y la batalla espiritual sea furiosa, usted necesita tener la seguridad que Jesucristo es su Salvador personal. Su vela no puede ser parcialmente soplada por el viento o izada a medias. Usted tiene que tenerla completamente abierta y en movimiento con la seguridad de que Jesucristo es su Salvador.

Amonestación de Liderazgo Piadoso

Pablo no sólo ofreció a los Colosenses la seguridad acerca de su relación con Cristo, sino que también les amonestó. Algunas personas se sienten amenazadas por el consejo piadoso y el liderazgo. No les gusta y no lo quieren. Le tienen miedo. He encontrado que el liderazgo piadoso es una fuente constante de consuelo para mí. Predicación piadosa, enseñanza, y consejo son una gran bendición. Pablo le dio a la iglesia algunas amonestaciones.

Advertencias

En Colosenses 2:4 Pablo dice, *"Y esto lo digo para que nadie os engañe con palabras persuasivas."* Él advierte que hay hombres por allí que quieren engañarle. La palabra "engañar" significa "victimar." Así es cómo las sectas están creciendo en los Estados Unidos en el presente. Están victimando a la gente que no está segura de su fe en Jesucristo. La Biblia dice en 2 Juan 7, *"Porque muchos engañadores han salido por el mundo, que no confiesan que Jesucristo ha venido en carne. Quien esto hace es el engañador y el anticristo."*

Note que Pablo dice en Colosenses 2:8, *"Mirad que nadie os engañe por medio de filosofías y huecas sutilezas, según las tradiciones de los hombres, conforme a los rudimentos del mundo, y no según Cristo."* La palabra "engañe" en el versículo 8 significa "llevarlo lejos." Satanás usa a falsos maestros y a gente impía para llevar corazones lejos de la verdad. Usted no puede esperar que la vida cristiana armonice con el modo mundano de pensar. La Palabra de Dios dice, "Mirad que nadie os engañe por medio de filosofías y huecas sutilezas." Hay gente en el presente a quienes les gustaría influenciarlo alejándole de su fe en Cristo. Aunque usted no puede perder su salvación, a ellos les gustaría robarle su dulce relación con Cristo. Habrá tiempos en su vida cuando usted necesite liderazgo espiritual que le dé una advertencia. ¡La Palabra de Dios dice que tengamos cuidado! Vigilemos, que nadie nos eche a perder o nos aleje. La gente intentará que usted haga concesiones, racionalice y que se vuelva indiferente. Esto es por qué el libro de Hebreos nos dice que reconozcamos y sigamos el liderazgo espiritual (Hebreos 13:7, 17).

Aliento

Junto con la advertencia, Dios también da aliento. En Colosenses 2:5, Pablo alienta a la gente que está involucrada en la batalla espiritual: *"Porque aunque estoy ausente en cuerpo, no obstante en espíritu estoy con vosotros, gozándome y mirando vuestro buen orden y la firmeza de vuestra fe en Cristo."* Algunas veces necesitamos oír, "Usted no está haciendo lo correcto." Sin embargo, también necesitamos que nos alienten cuando estamos haciendo algo bien. Este es el patrón de la buena paternidad. Usted no sería un buen padre si usted no disciplinara a sus hijos de vez en cuando, pero también debe animarles y afianzarles positivamente.

Pablo dijo, "Veo su orden." La palabra "orden" es una palabra militar que significa "estar parados hombro con hombro." Estos cristianos habían permanecido firmes en la fe. No habían resbalado al gnosticismo o misticismo.

Si usted desea consuelo en el tiempo de tormenta, la amonestación del liderazgo piadoso no sólo es de ayuda, sino que es esencial para su vida. Usted no necesita los remedios sin valor del mundo, ni tampoco necesita que alguien le dé una palmada en la espalda para decirle que todo está bien cuando realmente no lo está. Usted necesita oír la verdad en amor.

Un año, mi familia y yo hicimos un paseo en balsa. Para ser honesto, fue en contra de mi buen juicio. Mi esposa estaba emocionada de navegar en balsa, pero yo no pude entender por qué. Yo no estaba para nada entusiasmado con el paseo; Mateo, nuestro niño de cuatro años tampoco lo estaba. Pero mi esposa y los otros tres niños ansiaban realmente ese paseo.

Cuando llegamos al área de balsas, Mateo y yo miramos las fotografías. Yo dije, "¿Ves esa fotografía de allá, Mateo? Se ve muy peligroso." Mateo pesaba tan sólo quince kilos, y un pequeño brinco lo habría sacado volando del bote. El problema era que el resto de la familia nos superaba en número. Mi esposa estaba empeñada en que la familia hiciera el paseo en balsa. Siendo el dulce y sumiso esposo que soy, quería hacer todo lo que ella me decía que hiciera. Nos pusimos nuestros salvavidas y nos subimos a la balsa. Mateo parecía un salvavidas andante con un poco de cabello rubio la parte de arriba. El pobre niño no sabía lo que estaba pasando. Pensó que iba a la luna o algo así. Después de ubicarnos, comenzamos flotando río abajo. Al principio todo estaba bien, pero más tarde se convirtió en algo para dar miedo. No mucho después que habíamos comenzado, llegamos a los rápidos. Yo estaba abrazando a Mateo, ¡Y Mateo me estaba abrazando a mí!

Admitiré que yo no soy un experto para navegar en balsas. Yo no sabía ni lo básico de lo que estaba haciendo. El guía me dio un remo, y me dijo, "¡No reme ahora!" Así que dejé de remar. Después de un rato, dijo, ¡"Comience a remar!" Así que comencé a remar. El guía sabía exactamente qué decirme que hiciera. Cuando nos acercábamos mucho a una caída que podía enviarnos con fuerza a una gran roca o a un árbol, me decía cómo remar. La balsa iba justo donde necesitaba que fuera en cada momento. Algunas veces parecía casi como si estuviera molesto conmigo. ¡En momentos me sentía como el tipo más tonto en la historia de los rápidos! Pero él sabía cuándo necesitaba remar y cuando no. El guía había bajado por el río cientos de veces. Diría algo así: "No reme ahora," o "No reme así." Entonces, después de que habíamos remado por un rato, diría, "¡Bien! Ustedes son buenos remeros." Justo cuando estaba a punto de decir, "Detén esta balsa," el decía, "Buen trabajo." Así restauraría un poco de confianza en mí.

Esto era lo que Pablo estaba haciendo. Diría que no fueran con esa gente. "¡Les van a engañar! ¡Tengan cuidado!" Después de un rato, diría: "Eso está bien. ¡Están siendo firmes!" Esta es la razón por la que nosotros como cristianos necesitamos escuchar a nuestros pastores y a los maestros piadosos de la escuela dominical. Ellos han estado antes "río abajo."

Aplicación de la Verdad Bíblica

Primero, hay consuelo en el corazón en la seguridad de nuestra relación con Cristo. Segundo, la amonestación que proviene del liderazgo piadoso, aquellos quienes han andado río abajo antes, también confortará el corazón.

El consuelo viene al corazón del creyente cuando personalmente comienza a hacer la aplicación de la verdad bíblica. *"Por tanto, de la manera que habéis recibido al Señor Jesucristo, andad en él; arraigados y sobreedificados en él, y confirmados en la fe, así como habéis sido enseñados, abundando en acciones de gracias"* (Colosenses 2:6–7). Note las palabras "andad en él."

Andar

Primero usted acepta a Cristo; entonces usted comienza a caminar. Tal vez usted se diga a sí mismo: "No sé si puedo hacer eso que se llama oración. No sé si pueda testificar, pero voy a intentar." La meta aquí es aplicar la verdad y entonces andar en el Señor. Proverbios 3:5–6, dice, *"Fíate de Jehová de todo tu corazón, Y no te apoyes en tu propia prudencia. Reconócelo en todos tus caminos, Y él enderezará tus veredas."*

Algunos cristianos han sido salvos por años pero no andan consistentemente en y con Cristo. ¡Esto *no* es normal en el vivir cristiano! ¡Cada hijo de Dios eventualmente dará esos pasos de fe! Como los niños, todos comenzamos a andar en tiempos diferentes, como quiera necesitamos tomar la iniciativa de tomar la mano del Salvador y andar con Él.

Crecer

Andar con el Señor produce crecimiento. De acuerdo con Colosenses 2:7a, cuando crecemos en el Señor, estaremos "arraigados y sobreedificados en él, y confirmados en la fe." Cuando vengan las pruebas, el cristiano que está arraigado en Cristo tendrá una paz que sobrepasa todo entendimiento.

Conclusión del Capítulo

A menudo es fácil perder corazón y esperanza durante una crisis. Debemos recordar que aún hay seguridad en la relación con Cristo. Cuando somos enfrentamos con pruebas, atendamos la amonestación del liderazgo piadoso y amoroso. Mientras escuchamos y aplicamos la verdad, creceremos en medio de las pruebas y recibiremos el consuelo de Dios en nuestros corazones.

CAPÍTULO DOCE

Un Corazón
de Esperanza

La esperanza que se demora es tormento del
corazón; *Pero árbol de vida es el deseo cumplido.*
—PROVERBIOS 13:12

Hace varios años, me fue dada una petición de oración
por un miembro de la iglesia. Ella narró la trágica
historia acerca de su padre, un piloto de la fuerza aérea,
quien fue derribado en Vietnam. Como su cuerpo nunca
había sido recuperado, la familia tenía la esperanza de
que él aún estuviera vivo. Pocos años después, cuando
fueron liberados muchos prisioneros de guerra, la familia
buscó en cada lista del Pentágono el nombre de su padre.
También vieron cada noticia de los hombres quienes
venían a casa desde el sureste de Asia. Pero nadie vio ni

una vez a su padre en esas fotos ni vieron su nombre en las listas de aquellos quienes habían regresado a casa.

Determinados en encontrar el destino de su padre, la familia comenzó una búsqueda intensa, contactando a muchos de los prisioneros de guerra que habían regresado. Hablaron con un hombre que había estado en un campo de concentración en Laos. Vio la foto y dijo, "Estoy casi seguro de que vi a su padre vivo. De hecho, yo solo sé que este es uno de los hombres con quienes hablé mientras estaba allá."

La entristecida señorita dijo entonces: "Ahora ya han pasado casi veinte años, y no lo hemos encontrado. Me duele el corazón. Difícilmente pasa un día sin que llore y desee que pueda ver a mi papi una vez más." Su esperanza había sido demorada.

"La esperanza que se demora es tormento del corazón." A menudo este es el escenario que enfrentamos. La esperanza parece que se aleja más y más de nosotros con cada día que pasa. Muchos estadounidenses sufren de alguna clase de pena en el corazón que se llena con dolor y agonía. Millones de norteamericanos sufren de depresión por un incidente desafortunado en sus vidas. Sufren de ansiedad y pena. Teniendo la esperanza perdida, mucha gente siente que su futuro nunca mejorará. Al hacer eso, arruinan la oportunidad de encontrar la verdadera esperanza por la cual han añorado.

El apóstol Pablo dijo a la iglesia en Éfeso que, cuando estaban sin Dios, no tenían esperanza. Si un individuo no conoce a Cristo como su Salvador personal, es imposible que tenga esperanza. No hay necesidad de vivir con una sombría incertidumbre en lo que se refiere al futuro. Los cristianos no tienen razón alguna para vivir la vida con una mentalidad sarcástica que se adapta al pesimismo de este mundo. El valium no es la respuesta para la depresión. No necesitamos recurrir a las drogas recetadas, alcohol, o inmoralidad para encontrar alivio o esperanza en la vida. Nuestros recursos son mejores que eso. Tenemos acceso a un Salvador quien nos ayuda prontamente a la hora de los problemas (Salmo 46:1). Él ofrece ayuda inmediata a cualquiera quien se torne hacia Él. En este capítulo vamos a ver tres maneras en las que Cristo es nuestra esperanza en el tiempo de aflicción.

Hay Esperanza en la Salvación de Cristo

Tenemos esperanza en la salvación que es dada a todo aquel que recibe a Cristo. La esperanza no puede encontrarse en la salvación denominacional. Sólo la salvación de Cristo puede traer esperanza. Colosenses 1:27–28 dice, *"A quienes Dios quiso dar a conocer las riquezas de la gloria de este misterio entre los gentiles; que es Cristo en vosotros, la esperanza de gloria, a quien anunciamos, amonestando a todo hombre, y enseñando a todo hombre en toda sabiduría, a fin de presentar perfecto en Cristo Jesús a todo hombre."* La Biblia enseña que Cristo puede estar en usted. A través del Espíritu Santo, podemos tener a Cristo en nuestra vida dándonos la esperanza de gloria.

Somos Salvos por Esperanza

Cualquiera quien es salvo, nacido de nuevo, y clama a Cristo como Salvador ha sido salvo por la esperanza en Jesucristo. *"Porque en esperanza fuimos salvos; pero la esperanza que se ve, no es esperanza"* (Romanos 8:24a). Algunas veces la gente dice, "Si usted pudiera probarme que Jesús es real o dejarme ver las calles de oro sólo por una vez, tal vez ponga mi fe en Jesucristo." Esto no sería fe o esperanza. La fe es creer en algo que usted no puede ver. Sin fe, es imposible agradar a Dios. Sin esperanza en Jesucristo, es imposible ser salvo.

El 5 de abril de 1972, me di cuenta de que era un pecador. Había un profundo sentimiento de vacío en mi corazón. Aunque mi apariencia externa pudo haberse visto bien, la Biblia dice, "Por cuanto todos pecaron." Me di cuenta de que yo era un pecador, y el sentimiento más desesperanzador un día vino a mí. Alguien me mostró con la Biblia cómo Dios envió a Su Hijo a morir en la cruz por mi pecado. Romanos 6:23, dice, *"Porque la paga del pecado es muerte, mas la dádiva de Dios es vida eterna en Cristo Jesús Señor nuestro."* Me di cuenta que solo Jesucristo era el pago por mi pecado. Cuando nací de nuevo en Jesucristo, encontré esperanza. De acuerdo con la terminología bíblica, la esperanza es total dependencia en Dios.

La esperanza de mucha gente está demorada. En muchos casos, se sienten como fracasos miserables. Cometen los mismos pecados repetidamente, y su esperanza se apaga. Jesucristo no sólo pagó la deuda por el pecado, sino que también Él crucificó al viejo hombre en la cruz. Un cristiano sólo puede tener la victoria sobre el pecado a través de Jesucristo. *"Ahora, pues, ninguna condenación hay para los que están en Cristo Jesús, los que no andan conforme a la carne, sino conforme al Espíritu"* (Romanos 8:1). Cuando alguien trae un corazón a Cristo lleno con pecado, puede ser perdonado y tener esperanza en la salvación que sólo Cristo tiene para ofrecer.

Cristo en Usted es la Esperanza del Perdón del Pecado

Cristo es la única esperanza disponible para el perdón de los pecados. Yo pudiera esconderme en una pequeña caseta y sentarme del otro lado de una rejilla mientras usted me dijera cada pecado que haya cometido. Pero no puedo hacer nada con su pecado-nada. Ninguna iglesia, sacerdote, hombre, o pastor puede hacer nada para perdonar el pecado.

Hay Esperanza en la Seguridad de Cristo

La esperanza también puede ser encontrada en la seguridad de Cristo. Además la seguridad eterna del alma, Él quiere que usted tenga seguridad en su vida diaria. Él está interesado en usted, su trabajo, su carrera, su hogar, y su familia. Cristo no quiere que usted tenga una vida llena de dudas, *"Porque no nos ha dado Dios espíritu de cobardía, sino de poder, de amor y de dominio propio"* (2 Timoteo 1:7).

Ponga Su Esperanza en el Señor

No importa qué problemas surjan, un cristiano siempre debe poner su esperanza en el Señor. El salmista dijo, *"Porque tú, oh Señor Jehová, eres mi esperanza, Seguridad mía desde mi juventud"* (Salmos 71:5). Él dijo que confiaba en el Señor cuando era más joven. Ahora va confiar en el Señor, y sólo en Él.

Las compañías no pueden ofrecer esperanza en lo absoluto. No importa en qué profesión usted esté. Recientemente, una de las compañías más grandes del sur de California envió el siguiente memo a sus empleados:

> De los 1950s a los 1980s, la mayoría de la gente esperaba que si su desempeño era aceptable, estarían con la compañía hasta que se jubilaran. Durante los 1980s, sin embargo, los rápidos

cambios tecnológicos y económicos han forzado a muchas compañías a reevaluar sus operaciones y a hacer ajustes para sobrevivir. Es seguro el asumir que el ritmo de los cambios tecnológicos y económicos continuará acelerando, resultando en el aumento continuo de trabajo y ajustes de personal inadecuados. Los empleados que están entrando a la fuerza de trabajo en el presente deben tener poca expectativa que sus trabajos presentes durarán para siempre.

Esta compañía estaba diciendo a sus empleados: "No esperen que su trabajo dure. No pongan su esperanza en nuestra compañía."

Uno puede encontrar muy poca esperanza en el sistema judicial de Norteamérica. Los cristianos deben orar por la aplicación de la ley. De la misma manera debemos orar por la gente que trabaja en el sistema judicial y por el gobierno. Hay tiempos, sin embargo, cuando la mentalidad del sistema judicial está fuera de lugar. En Texas, un hombre quien golpeó con una pistola a una niña y la violó, le fueron dados noventa días en la cárcel; sin embargo, otro hombre quien se acostó en las escaleras de una clínica de aborto, se le dieron cinco años de cárcel.

Nuestro sistema judicial en el presente no siempre es el gran rayo de esperanza que los norteamericanos una vez pensamos que era. Estoy orgulloso de ser norteamericano, pero si estamos poniendo nuestra esperanza en nuestro sistema judicial, está mal depositada. Alguien puede decir, "Mi esperanza está en el gobierno. Hago fila cada semana para recibir lo que viene para mí." Todos estos sistemas fallarán. La Biblia dice que pongamos nuestra esperanza en el Señor.

Ponga Su Esperanza en Él Diariamente

Cada día, su esperanza requiere ser puesta en Jesucristo. Note Lamentaciones 3:22–23: *"Por la misericordia de Jehová no hemos sido consumidos, porque nunca decayeron sus misericordias. Nuevas son cada mañana; grande es tu fidelidad. Mi porción es Jehová, dijo mi alma; por tanto, en él esperaré."* La gente a menudo recurre a Dios cuando las cosas se están viniendo abajo, cuando se acaba el dinero, o cuando el matrimonio se quebranta. Aunque Él está listo en tiempos de crisis, Él nos creó con el propósito de tener comunión íntima a diario. "Grande es tu fidelidad." "(Sus misericordias) Nuevas son cada mañana." Las cosas que pensábamos eran imposibles de cambiar, están cambiando. Las inversiones que eran grandiosas el año pasado no son grandiosas este año. Las inversiones que son grandes este año, tal vez no lo sean el próximo. El mundo está cambiando. La Biblia dice, *"Porque Yo Jehová no cambio"* (Malaquías 3:6a). ¿Por qué no confiar en alguien quien dice, "Yo no cambio"? Mantenga su esperanza en el Señor Jesucristo.

Ponga Su Esperanza en Él Completamente

Toda nuestra confianza debe estar en el Señor. *"Bueno es Jehová a los que en él esperan, al alma que le busca. Bueno es esperar en silencio la salvación de Jehová"* (Lamentaciones 3:25–26). No se rinda de seguir confiando en el Señor, no importa qué esté adelante. Sus misericordias son nuevas cada día.

A mi esposa y a mí nos gusta mucho contar la historia de cuando nos mudamos a Lancaster, California, para iniciar una iglesia. Vinimos confiando en el Señor. Recuerdo vívidamente las primeras semanas después que llegamos. Los cheques de sostenimiento prometidos no estaban llegando, ni tampoco estaba recibiendo un salario regular. Estábamos viviendo sin el sostenimiento de otras iglesias. Nuestra mudanza había requerido de todo el dinero que habíamos ahorrado. Apenas nos las habíamos arreglado para tener dinero para el primero y el último mes de renta, algo de pintura, y algo de dinero para ofrendar.

Antes que iniciara un servicio de domingo por la tarde, algunos amigos me dijeron, "Pastor, esta noche vamos a ir a un restaurant a comer algo. Nos gustaría que usted y su familia vinieran con nosotros." Pensé, *¡Alabado sea Dios! ¡Qué bendición! Sus misericordias son nuevas cada día.* Sabía que la despensa casi se había acabado. Después que terminó el servicio de la Iglesia, tenía que asegurarme que todas las luces del edificio estaban apagadas y que todas las puertas estuvieran cerradas.

Camino al restaurant, le dije a mi esposa, "Cariño, las personas con las que vamos a encontrarnos en el restaurant probablemente ya están comiendo, como tomé mucho tiempo para asegurar el edificio. Dame algo de dinero, solo por si acaso."

Mi esposa me dijo, "corazón, no tengo dinero." Ahora, cuando mi esposa dice que no tiene nada de dinero, ¡normalmente hay al menos veinte dólares en el fondo de su bolso!

Dije, "Mira, cariño, *Yo* sé que no tienes dinero, y *sabes* que no tienes nada de dinero; pero ¡dame algo de dinero!"

Ella me miró y dijo, "No, realmente no tengo nada de dinero. Tampoco tenemos leche o pan en casa. Hay un poco de comida enlatada en casa, y eso es todo."

Nunca olvidaré ese día porque no me sentía muy hombre entonces. Había traído a mi familia a este lugar para empezar una iglesia, y mi esposa me estaba diciendo que no había comida o dinero. Así que, les dije a los niños que estaban en el asiento trasero, "niños, vean si hay algo de dinero debajo del asiento allí atrás." Danielle y Larry comenzaron a escarbar. ¡Encontraron setenta y cinco centavos debajo del cojín del asiento! Los últimos cinco minutos manejando allá, comencé a orar, "Señor, haz algo. Señor, ¿nos puedes ayudar? Nos has ayudado antes; ¿nos ayudarías otra vez?"

Hicimos un plan, al llegar al restaurant, dije, "Ellos ya están comiendo, puedo verles por allá. Esto es lo que vamos a hacer, Cariño, solo ordenaremos un té helado grande, y pretenderemos que no tenemos hambre." (¡Esto es muy difícil de hacer para mí cuando tengo hambre!) Caminamos al mostrador para hacer nuestra orden. Cuando iniciamos a pedir un té helado, la señora detrás del mostrador se dirigió a mí y dijo, "Señor, una camioneta llena de adolescentes acaba de pasar por aquí, ordenaron toda esta comida, y salieron. No podemos tirar esto. ¿Nos recibiría toda esta comida sin cargo?"

Mi esposa y yo nos miramos uno al otro con sobrecogimiento. ¡El Señor había cuidado de nosotros otra vez! Lloramos y nos abrazamos uno al otro. Dios ha hecho eso para mi familia una y otra vez. ¿Sabe usted por qué? Porque nosotros ponemos nuestra esperanza en el Señor.

Todos debemos mantener nuestra esperanza allí cada día y permitir a Dios probarse a sí mismo ante nosotros. Debemos poner nuestra mano en el arado y nunca mirar atrás. Debemos mantener nuestra frente en alto y nuestras rodillas abajo. Nunca debemos dudar en la noche que Dios ha dado la luz. Hay esperanza en la seguridad del Creador de este mundo. Debemos mantener nuestra confianza y nuestra esperanza en Jesucristo.

Hay Esperanza en Su Segunda Venida

Los cristianos también tienen la esperanza que nuestro Salvador vendrá una vez más. Pablo dijo en 1 Corintios 15:19, *"Si en esta vida solamente esperamos en Cristo, somos los más dignos de conmiseración de todos los hombres."* Los cristianos tienen esperanza más allá de esta vida.

Nuestra Salvación Garantiza Esta Esperanza

La salvación garantiza la esperanza que un día Cristo vendrá por nosotros. *"Bendito el Dios y Padre de nuestro Señor Jesucristo, que según su grande misericordia nos hizo renacer para una esperanza viva, por la resurrección de Jesucristo de los muertos"* (1 Pedro 1:3). Debido a que Cristo se levantó de la muerte, aquellos quienes están seguros en Él tienen la esperanza de ser resucitados un día de la muerte.

"Tampoco queremos, hermanos, que ignoréis acerca de los que duermen, para que no os entristezcáis como los otros que no tienen esperanza. Porque si creemos que Jesús murió y resucitó, así también traerá Dios con Jesús a los que durmieron en él" (1 Tesalonicenses 4:13–14). Algunas personas se burlan de aquellos quienes creen que Cristo viene otra vez. Sin embargo, ésta misma gente no tiene esperanza eterna, y no nos debemos molestar por ellos. Un día estaremos con Cristo por siempre, porque Cristo viene otra vez.

La Biblia Promete Esta Esperanza

La Biblia claramente establece en Tito 2:13, *"aguardando la esperanza bienaventurada y la manifestación gloriosa de nuestro gran Dios y Salvador Jesucristo."* No debemos ser sorprendidos esperando al Anticristo del gobierno mundial.

¡Debemos estar esperando al Señor Jesucristo! Él es la esperanza de todo creyente que ha sido lavado en Su sangre y nacido de nuevo.

Robert Murray McCheyne, un gran predicador del pasado, un día estaba con sus amigos que eran también predicadores. Dijo al primero de ellos, "¿Crees que Cristo volverá pronto en cualquier momento?" El primero, dijo, "Creo que no." Le dijo al segundo: "¿Crees que Cristo volverá pronto en cualquier momento?" El segundo amigo, dijo, "Creo que no." Le dijo al tercer amigo: "¿Crees que Cristo volverá pronto en cualquier momento?" Robert Murray McCheyne se puso enfrente de aquellos hombres en el camino, y les citó Mateo 24:44, "Por tanto, también vosotros estad preparados; porque el Hijo del Hombre vendrá a la hora *que no pensáis*."

El mundo puede decir, "Cristo no viene. ¡Los predicadores fundamentales lo han estado diciendo por cientos de años! ¿Dónde está?" Recuerde que en los ojos del Señor un día son como mil años, y mil años, como un día. En la tabla del tiempo de Dios sólo han pasado dos días desde que Cristo se levantó de la tumba. ¿Está usted listo para Su pronto retorno?

Primera Juan 3:3, dice, "*Y todo aquel que tiene esta esperanza en él, se purifica a sí mismo, así como él es puro.*" La Biblia nos dice que todo hombre que tiene la esperanza en Él se purifica a sí mismo de tal manera que pueda ser como el Señor Jesucristo. Los cristianos necesitan comenzar a alistarse para el retorno del Salvador.

Mientras estaba visitando no hace mucho tiempo, toqué a una puerta. La puerta se abrió por completo, y un pequeño niño salió a ver. Sus ojos se pusieron tan grandes como platos.

El pequeño dijo, "¡Mamá! ¡El predicador está aquí!" Usted nunca ha escuchado lo que yo escuché en los siguientes momentos.

"¡Apaga la televisión! ¡Quita esas latas de encima de la mesa del café! ¡Pon los cigarros en otro cuarto! ¡Recoge ese periódico! ¡Mueve todo aquello! ¡Arregla todos eso!"

Como cinco minutos después, esa querida señora salió a la puerta: "Bueno, ¡hola, Pastor!"

Un día muy pronto el Rey de reyes y Señor de señores, el Mesías, Jesucristo, vendrá otra vez. Él viene para llevarle a su hogar. La Biblia dice, "Y todo aquel que tiene esta esperanza en él, se purifica a sí mismo, así como él es puro." ¿Tiene usted en casa algunas cosas que no deberían estar allí? Encárguese de ellas. ¿Tiene usted algo en su corazón que no debe de estar allí? Confiese y abandónelas, ¡porque Cristo viene! Él viene, y necesitamos estar listos. Si la esperanza en su corazón es el Señor Jesús y Su pronto retorno, ¡esta verdad afectará verdaderamente cada día de su vida!

CAPÍTULO TRECE

El Corazón Del Pastor

De cierto, de cierto os digo: El que no entra por la puerta en el redil de las ovejas, sino que sube por otra parte, ése es ladrón y salteador. Mas el que entra por la puerta, el pastor de las ovejas es. A éste abre el portero, y las ovejas oyen su voz; y a sus ovejas llama por nombre, y las saca. Y cuando ha sacado fuera todas las propias, va delante de ellas; y las ovejas le siguen, porque conocen su voz. Mas al extraño no seguirán, sino huirán de él, porque no conocen la voz de los extraños. Esta alegoría les dijo Jesús; pero ellos no entendieron qué era lo que les decía. Volvió, pues, Jesús a decirles: De cierto, de cierto os digo: Yo soy la puerta de las ovejas. Todos los que antes de mí vinieron, ladrones son y salteadores; pero no los oyeron las ovejas. Yo soy la puerta; el que por mí entrare, será salvo; y entrará, y saldrá, y hallará *pastos. El ladrón no viene sino para hurtar y matar y destruir; yo he venido para que tengan vida, y para que la tengan en abundancia. Yo soy el buen pastor; el buen pastor su vida da por las ovejas.—*Juan 10:1–11

Cuando Cristo habló de su carga por el mundo, a menudo usó parábolas que se referían al aspecto provinciano de Palestina. Usó ilustraciones de la naturaleza para retratar algunas verdades. Habló a la gente de la semilla y el sembrador. Habló del arado y de la cosecha cuando les decía de las necesidades espirituales del mundo. Usando la vid y sus pámpanos, ilustró la relación entre Cristo y el creyente.

Cuando el Señor tomó el tiempo para hablar acerca de la gente quienes se integrarían a Su reino, Él se llamó a sí mismo el Pastor y a Su pueblo las ovejas. Me llama la atención que Él se haya referido a su pueblo como ovejas. Dios ha de tener sentido del humor, porque las ovejas parecen ser los animales más tontos que hay en el mundo.

A la gente le gusta actuar como si todo estuviera bajo control. La sociedad pretende que puede resolver todos los problemas de la vida. La enseñanza humanista nos dice que el hombre es un dios, pero Cristo nos dice que nosotros somos ovejas y Él es el Pastor. Como un rebaño de ovejas se aleja de su pastor, la pecaminosa raza humana se aleja del Pastor del alma. Aunque los cristianos no siempre lo admiten, necesitamos un Pastor. ¿Cuál es el corazón de Jesucristo, nuestro Pastor, hacia cada uno de sus corderos?

La Autenticidad del Pastor

Jesús, inmediatamente explicó el asunto que Él es el único Pastor digno de ser seguido. Él pagó el precio máximo por nuestro pecado. Note Juan 10:1–3b, el cual dice, *"De cierto, de cierto os digo: El que no entra por la puerta en el redil de las ovejas, sino que sube por otra parte, ése es ladrón y salteador. Mas el que entra por la puerta, el pastor de las ovejas es. A éste abre el portero, y las ovejas oyen su voz."*

Al observar este pasaje, debemos darnos cuenta que siempre ha habido una batalla concerniente a la aceptación del Mesías, nuestro Príncipe de los Pastores. Cristo dijo a los saduceos y fariseos, quienes no eran otra cosa sino falsos pastores y falsos maestros guiando a la gente a la perdición, que Él solo era el auténtico Pastor.

Los falsos pastores siempre han abundado. Mateo 24, dice que habrá muchos profetas falsos en los últimos días. En el presente, hay hombres en Europa y América que se llaman a sí mismos el Cristo. Mucha gente les cree a estos impostores. Hay falsos profetas por todas partes.

El Portero Abre

Cristo dijo muy claramente en el versículo 3 que el Portero abre la puerta al verdadero Pastor. El Portero es una figura del Espíritu Santo de Dios. Primera de Juan nos dice que es el Espíritu Santo el que nos unge, nos da la habilidad de entender. Nadie nunca ha sido salvo sin la obra del Espíritu Santo en su corazón, haciéndole receptivo al Evangelio de Jesucristo. Cristo dijo que el Portero le abre al verdadero Pastor.

Las Ovejas Oyen Su Voz

Cristo también dice que las ovejas oyen Su voz. Los saduceos y fariseos estaban molestos porque mucha gente estaba siguiendo a Jesús. Cristo les dijo que la gente estaba oyendo Su voz y respondiendo porque ellos sabían que Él era el verdadero Pastor. Jesucristo nos ama como ningún otro pastor.

Las Ovejas Le Siguen

Los fariseos no podían entender porque la gente se reunía en torno a Cristo. Pero cuando las ovejas oían Su voz, le seguían. *"Y a sus ovejas llama por nombre, y las saca"* (Juan 10:3b). Esta gente no solo estaba siguiendo a un profeta o a un buen hombre; estaba siguiendo al Mesías, a Dios encarnado. Si usted ha aceptado a Cristo como Salvador, el día que usted le abrió su corazón a Cristo siempre será un precioso día en su vida. Ese fue el día que Su voz sobrepasó a toda otra voz y tocó su corazón. Primera de Pedro 5:4a, dice, "Y cuando aparezca el Príncipe de los Pastores." El mismo Pastor quien salvó su alma vendrá otra vez y aparecerá a cada creyente. Es importante que entendamos que el Príncipe de los Pastores es el Mesías, el Hijo de Dios. El es digno de nuestro "seguirle," de nuestra dedicación y discipulado.

Una vez testifiqué a una familia hindú proveniente de la India. El hinduismo es politeísta. Los hindúes creen que todo es un dios. Adoran cualquier cosa que esté viva, y algunas cosas que no lo están. Creen en la reencarnación. En la India, la gente teme matar alguna araña porque creen que podrían estar matando a algún pariente reencarnado. Todo el movimiento de la Nueva Era no es más que las religiones orientales como el hinduismo viniendo a Norteamérica.

Mientras le testificaba a estos hindúes, me sorprendió cuando dijeron, "Creemos en Cristo. Creemos que fue una gran persona. Algunos de nosotros hasta oramos a Él. También creemos en Alá y en Buda. También creemos en las vacas y adoramos otros animales."

En el Nuevo Testamento, la gente que estaba siguiendo al Príncipe de los Pastores, no solo estaban siguiéndole como si Él no fuera más importante que cualquier otro maestro. Le estaban siguiendo como el Príncipe de los Pastores, Aquel que dijo, "Yo y el Padre uno somos." Escrituras como esas son ofensivas a los testigos de Jehová, a los mormones, y a otras sectas que niegan la deidad de Cristo. Ellos no creen que Jesucristo es igual a Dios el Padre, pero la doctrina de la deidad de Cristo no puede dar concesiones. ¡Gracias a Dios, seguimos al auténtico Pastor quien tiene un corazón para cada persona!

La Disponibilidad del Pastor

Nuestro Pastor no sólo es auténtico, sino que también está disponible. El Hijo de Dios se hizo a sí mismo disponible para cada uno de nosotros.

> *Volvió, pues, Jesús a decirles: De cierto, de cierto os digo: Yo soy la puerta de las ovejas. Todos los que antes de mí vinieron, ladrones son y salteadores; pero no los oyeron las ovejas. Yo soy la puerta; el que por mí entrare, será salvo.—*Juan 10:7–9a

Jesucristo, el Hijo de Dios, dice que usted puede venir a través de Él para tener una relación con Dios. Él es la puerta. Él es el camino a Dios el Padre.

Jesús Es La Puerta
Muchos de los rediles de las ovejas por las campiñas de Palestina estaban hechos de muros de piedras. En algunos

casos, un pastor se acostaría en la puerta de la entrada de su redil, convirtiéndose literalmente en la puerta del redil. Esto es a lo que Cristo se refería cuando dijo, "Yo soy la puerta." Él es Aquel por quien usted puede entrar a una relación con Dios.

Tal vez usted se pregunte cómo puede saber si Dios está realmente en su vida. Cristo lo hizo muy simple cuando dijo, "Yo soy la puerta." Si usted planea estar en el cielo algún día, usted debe venir a través de Jesucristo. Usted puede decir que es bautista, y aún así, no ser salvo. Hebreos 13:20, dice, "Y el Dios de paz que resucitó de los muertos a nuestro Señor Jesucristo, el gran pastor de las ovejas, por la sangre del pacto eterno." Es Jesucristo, el Príncipe de los Pastores, cuya sangre fue derramada y quien hizo posible que nosotros fuéramos a Él por la fe y ser salvos. Esto es lo que Cristo quiso decir en Juan 14:6b, cuando dijo, "Yo soy el camino, y la verdad, y la vida; nadie viene al Padre, sino por mí."

Cualquiera Puede Entrar

La religión ha tomado algo tan simple como el Evangelio y lo ha hecho complicado. Jesús dijo, "Yo soy la puerta; el que por mí entrare, será salvo…." Dios está disponible. Cualquiera que quiera conocerle, quien quiera que le sean perdonados sus pecados, quien tenga una hambre espiritual, puede venir a través de la puerta y ser salvo.

Primera de Juan 5:1a, dice, "Todo aquel que cree que Jesús es el Cristo, es nacido de Dios." Un rey debe venir de la misma manera que un mendigo viene a Dios. El Presidente y el hombre más pobre en este país deben venir a Dios humillándose a sí mismos delante del Señor Jesucristo y viniendo a través de la puerta de salvación. Jesucristo se ha ofrecido a sí mismo. El terreno está nivelado en la cruz. Cada persona debe venir a Dios de la misma manera.

Nuestro grupo de jóvenes solía ir a las plazas comerciales a testificar y a hablar a la gente acerca del Señor. Una vez le testifiqué a una señora, quien dijo, "Yo realmente creo, joven, que el cielo es un tanto parecido a un centro comercial." (Yo pensé, "¡espero que sea mejor que este centro comercial!") Ella continuó, "Hay varios caminos que vienen a este centro comercial, pero todos los caminos se dirigen al mismo lugar. Hay muchos caminos al cielo, pero todos llegan al mismo lugar." ¡Esa es una buena teología si su cielo es un centro comercial! Sin embargo, el cielo es un lugar donde habita el Hijo de Dios, donde hay calles de oro y puertas de perla. No hay pecado, no hay lágrimas, y no hay dolor. No es verdad que muchos caminos llevan al cielo. Jesús dijo, "Yo soy **la** puerta."

A algunas personas en la actualidad les gustaría tomar una imagen del redil de las ovejas, poner como veintisiete puertas alrededor del redil y decir, "Mientras usted sea sincero en hacer el bien, usted llegará al cielo, aunque usted venga a través de Buda. Si usted viene por algún otro camino, llegará allí." Si usted cree en la Biblia, entonces debe creer que Jesucristo es el único camino a través del cual un hombre pecador puede ser redimido y obtener la entrada al cielo por la eternidad.

La Expiación del Pastor

Jesucristo, como el Buen Pastor, ha dado literalmente Su vida por las ovejas. Juan 10:11 declara: "Yo soy el buen pastor; el buen pastor su vida da por las ovejas." Los versículos 15 y 16a, dicen: "así como el Padre me conoce, y yo conozco al Padre; y pongo mi vida por las ovejas. También tengo otras ovejas que no son de este redil."

Cuando Jesús dice que Él tiene otras ovejas, el texto está hablando del mundo gentil. Hemos de entender que Jesús estaba hablando a judíos en ese momento. Él dijo que tenía otras ovejas que no son judíos. ¡Nosotros somos esas ovejas! Debemos agradecer a Dios que la salvación no es solo para los judíos o alguna iglesia que clama ser una extensión del judaísmo. La salvación es para el judío y para el gentil.

Él Puso Su Vida

Jesucristo dio Su vida voluntariamente. Esta es la gran revelación del corazón de Dios para el mundo. Juan 10:18a, dice, "Nadie me la quita, sino que yo de mí mismo la pongo." En otras palabras, Jesucristo, quien tenía todos los poderes del cielo y había creado el mundo, dio su vida voluntariamente sobre una cruz. Los soldados romanos no lo crucificaron; Él puso su vida voluntariamente.

Su vida fue la expiación por el pecado. La Biblia dice en Isaías 53:5–7: "Mas él herido fue por nuestras rebeliones, molido por nuestros pecados; el castigo de nuestra paz fue sobre él, y por su llaga fuimos nosotros curados. Todos nosotros nos descarriamos como ovejas, cada cual se apartó por su camino; mas Jehová cargó en él el pecado de todos nosotros. Angustiado él, y afligido, no abrió su boca; como cordero fue llevado al matadero; y como oveja delante de sus trasquiladores, enmudeció, y no abrió su boca."

Cientos de años antes de la crucifixión, Isaías profetizó que Jesús vendría a darse a Sí mismo como sacrificio por el pecado. En humildad, voluntariamente recibió una golpiza y fue clavado a una cruz. ¡Nuestros pecados fueron expiados por Su sangre derramada!

Cuando Juan el bautista, el predicador vestido de pelo de camello, que comía langostas, vio a Jesús, y dijo, "He aquí el **Cordero** de Dios." ¡Él sabía la razón por la cual Jesús venía! Jesús no venía a realizar una reforma política o más aún, a enseñar a algunas mentes previamente educadas. Él venía para morir y derramar Su sangre sobre una cruz. Como cordero llevado al matadero, Él fue. ¿Por qué? Porque nos amó. ¡No lo entiendo! Pero creo esta verdad, y estoy agradecido por ella.

El Cordero de Dios vino en verdad. Vivió una vida perfecta y entonces murió voluntariamente sobre una cruz. Mientras estaba allí sobre la cruz, la Biblia dice que sangre fue derramada. ¿Qué ocurrió cuando Jesús murió sobre la cruz? Fue hecha la expiación. Fuimos justificados a los ojos de Dios a través de Jesucristo. La Biblia dice Romanos 3:25a, "a quien Dios puso como propiciación por medio de la fe en su sangre." La Biblia dice en Romanos 5:9a, "Pues mucho más, estando ya justificados en su sangre."

La única manera que una persona puede ser justificada ante Dios es por venir a través de la Puerta, Jesucristo. Él es el único Mesías auténtico quien pagó todo el precio por nuestro pecado. Hebreos 9:22b, lo pone de esta manera: "Sin derramamiento de sangre no se hace remisión." Si Cristo no hubiera derramado Su sangre, no habría remisión para nuestro pecado. No hay otra opción más que venir al Señor Jesucristo y ser salvo. Sólo Él nos expía.

Sólo Él Ofrece Seguridad Eterna

Cuando Jesús le expía de su pecado, su eternidad está sellada y segura. Nada puede deshacerla. Una vez alguien preguntó:

"¿Cree usted el asunto que 'una vez salvo, siempre salvo'?" Yo dije, "Eso es lo que la Biblia enseña, así que nosotros lo creemos." La Biblia dice en Juan 10:28–29: "y yo les doy vida eterna; y no perecerán jamás, ni nadie las arrebatará de mi mano. Mi Padre que me las dio, es mayor que todos, y nadie las puede arrebatar de la mano de mi Padre."

¿Dios nos da vida temporal?" ¡No! Recibimos de Él vida eterna. Cuando usted aceptó a Jesucristo como su Salvador y vino a Él por la fe, la expiación por sus pecados fue inmediata. La sangre fue aplicada a su vida. En ese mismo momento, sus pecados fueron perdonados, y usted fue salvo para siempre. Sólo hay una clase de vida que Cristo da, y esa es vida eterna. Cuando usted es puesto en las manos del Padre, usted está eternamente seguro.

Personas verdaderamente salvas pueden perder su seguridad, pero no pueden perder su salvación. ¿Sabe usted por qué? Porque una vez que usted es salvo, usted está en la mano de Dios, y está seguro por la eternidad. Cuando usted recibe a Cristo, Su sangre no hace un trabajo parcial.

Conclusión del Capítulo

Jesús viene a nosotros para decirnos que Él es el Pastor auténtico, el Hijo de Dios, y que está disponible para usted. Él se hará cargo del problema del pecado del que usted, por sí mismo, no se puede encargar. ¡Qué bendición! Él nos da vida eterna, pero nos ofrece vida abundante aquí sobre esta tierra. Él dijo en Juan 10:10b, "Yo he venido para que tengan vida, y para que la tengan en abundancia."

¿Puede usted personalmente decir, "El Señor es mi Pastor"? Tal vez usted memorizó el Salmo veintitrés cuando estaba en los Niños Exploradores o en la Escuela dominical cuando era niño: "Jehová es mi pastor; nada me faltará." Recuerdo cuando jugaba baloncesto en la escuela. Siempre nos arrodillábamos antes de un partido y recitábamos ya fuera la Oración del Señor o el Salmo veintitrés, ¡como si nos fuera a ayudar para ganar! Algunos dicen: "Claro que el Señor es mi Pastor. Él debe ser mi Pastor porque estos son los Estados Unidos, y somos cristianos. Lo dice justo en nuestro dinero, 'confiamos en Dios.'" Citar pasajes de la Biblia o ser un norteamericano no es suficiente para salvarle. Usted personalmente tiene que haber llegado a un punto en su vida donde dijo. "Soy una oveja. Estoy perdido y voy a la deriva, y no puedo salvarme a mí mismo. Jesús, yo creo que Tú eres el Hijo de Dios, sin pecado, y que Tú moriste y resucitaste por mí. Voy a llegar a Dios a través de ti, Jesús te acepto como mi Salvador." ¿Es de esa manera Jesús su Pastor? ¿Le pertenece usted a Él, y Él le pertenece a usted?

Si Él es su Pastor, note el Salmo 23:6: "Ciertamente el bien y la misericordia me seguirán todos los días de mi vida, Y en la casa de Jehová moraré por largos días." Si Él es su Salvador personal y Pastor, la Biblia le dice que usted vivirá por siempre con el Señor Jesucristo en el cielo. Cuando entendemos el gran amor que nuestro Pastor nos tiene, podemos fortalecernos y animarnos aún cuando nuestros corazones están cargados pesadamente. Generalmente, son los tiempos de gran dificultad cuando podemos entender verdaderamente, como Sus ovejas, las palabras del Salmo 23:

Jehová es mi pastor; nada me faltará. En lugares de delicados pastos me hará descansar; Junto a aguas de reposo me pastoreará. Confortará mi alma; Me guiará por sendas de justicia por amor de su nombre. Aunque ande en valle de sombra de muerte, No temeré mal alguno, porque tú estarás conmigo; Tu vara y tu cayado me infundirán aliento. Aderezas mesa delante de mí en presencia de mis angustiadores; Unges mi cabeza con aceite; mi copa está rebosando. Ciertamente el bien y la misericordia me seguirán todos los días de mi vida, y en la casa de Jehová moraré por largos días.

PARTE CINCO

Un Corazón Para El Servicio Cristiano

CAPÍTULO CATORCE

Sirviendo De Corazón

Comenzó a reinar Ezequías siendo de veinticinco años, y reinó veintinueve años en Jerusalén. El nombre de su madre fue Abías, hija de Zacarías. E hizo lo recto ante los ojos de Jehová, conforme a todas las cosas que había hecho David su padre. En el primer año de su reinado, en el mes primero, abrió las puertas de la casa de Jehová, y las reparó. E hizo venir a los sacerdotes y levitas, y los reunió en la plaza oriental. Y les dijo, ¡Oídme, levitas! Santificaos ahora, y santificad la casa de Jehová el Dios de vuestros padres, y sacad del santuario la inmundicia. Porque nuestros padres se han rebelado, y han hecho lo malo ante los ojos de Jehová nuestro Dios; porque le dejaron, y apartaron sus rostros del tabernáculo de Jehová, y le volvieron las espaldas.

Y aun cerraron las puertas del pórtico, y apagaron las lámparas; no quemaron incienso, ni sacrificaron holocausto en el santuario al Dios de Israel. Por tanto, la ira de Jehová ha venido sobre Judá y Jerusalén, y los ha entregado a turbación, a execración y a escarnio, como veis vosotros con vuestros ojos. Y he aquí nuestros padres han caído a espada, y nuestros hijos, nuestras hijas y nuestras mujeres fueron llevados cautivos por esto. Ahora, pues, yo he determinado hacer pacto con Jehová el Dios de Israel, para que aparte de nosotros el ardor de su ira.—2 Crónicas 29:1–10*

El libro de Crónicas es el registro de Judá, el reino judío del sur. Este libro de la Biblia cubre como trescientos años de la historia de Judá. Esencialmente, es el registro de un estado espiritualmente malvado. El pueblo de Dios se había ido en pos de la idolatría. Uno de los reyes quienes habían dirigido al pueblo a este nivel de degradación fue Acaz. Segundo de Crónicas 28:2 dice hablando de Acaz: *"Antes anduvo en los caminos de los reyes de Israel, y además hizo imágenes fundidas a los baales."*

Es asombroso que solo unos cuantos cientos de años antes, el pueblo de Israel recibiera mandamientos específicos de no inclinarse a ninguna imagen tallada. Ahora sus líderes estaban alentándoles a hacer estas imágenes y desafiando al pueblo a adorar a los dioses de Baal. Acaz no solo adoraba a Baal, sino que literalmente clavó las puertas del templo para cerrarlo. Este período fue un tiempo de oscuridad espiritual. Acaz, en lugar de hacer la voluntad de Dios, permitió al pueblo cerrar la casa de adoración y servir a dioses paganos. La idea de adorar a la creación más que al Creador no es nueva. Ya se hacía en el año 700 ac.

En 2 Crónicas, una luz surge brillante. Los versículos 1 y 2 del capítulo 29 presentan a Ezequías, quien hizo lo que era correcto a los ojos del Señor. Hacer lo que es correcto a los ojos de nuestro Dios debe ser la meta de cada cristiano. Debemos desarrollar un corazón para rendir servicio a nuestro Creador. Dios usó al Rey Ezequías, quien inició su reinado a la edad de veinticinco años, para dirigir al pueblo de Judá a un avivamiento espiritual. Él les dirigió a restaurar el templo, a ofrecer sacrificios a Dios, y a dar una gran ofrenda de gratitud a Dios por las bendiciones. En ese tiempo de degeneración moral y espiritual, un hombre hizo la diferencia con el pueblo de Dios. El nombre de ese hombre era Ezequías.

El Propósito de Su Corazón

Hacer un Pacto Con el Señor

¿Cuál era el propósito del corazón de Ezequías? Segundo de Crónicas 29:10, dice, *"Ahora, pues, yo he determinado hacer pacto con Jehová el Dios de Israel, para que aparte de nosotros el ardor de su ira."* Cualquier cosa buena que sucede con Dios debe comenzar con nuestros corazones. Ezequías propuso en su corazón hacer un pacto con el Señor. Él dijo al pueblo que había tomado una decisión. Iba a hacer un pacto con el Señor en el que se comprometían a que iban a hacer lo recto con Él. Ezequías no podía estar contento mientras las puertas del templo estuvieran cerradas o mientras el pueblo estuviera siendo llevado a la cautividad. Él no podía quedarse quieto sin trabajar en pro de un avivamiento espiritual.

Los cristianos no deben estar quietos y solo mirar este país ir en pos del diablo. Aunque la gente piadosa sea la minoría, aún así tenemos que estar del lado de lo que es correcto. Ezequías tomó una posición a favor de lo recto. En su corazón, hizo un pacto con Dios para hacer lo que Dios quisiera que él hiciera.

Desafiar a los Sacerdotes y Levitas

Ezequías también llevó el desafió a los levitas. Los levitas eran los líderes espirituales quienes habían sido negligentes con su deber. No habían estado cumpliendo con su papel. Ezequías les dijo, *"Hijos míos, no os engañéis ahora, porque Jehová os ha escogido a vosotros para que estéis delante de él y le sirváis, y seáis sus ministros, y le queméis incienso"* (2 Crónicas 29:11). Él desafió claramente a los sacerdotes y a los levitas al decirles que ellos no habían de ser negligentes en llevar a cabo sus deberes espirituales.

No hace mucho había un caso en la corte en California que involucraba a unos padres que eran adictos a las drogas. Habían dejado algo de cocaína sobre la mesa, y uno de sus hijos la ingirió. El jovencito perdió su vida. Los padres fueron acusados con los cargos de negligencia, por poner en peligro a un menor y homicidio. Ellos fueron verdaderamente negligentes y merecían castigo. Sin embargo, no hay nada peor que la negligencia de un predicador de Dios o de un creyente quienes no proclaman el Evangelio.

Ezequías trajo la carga de su corazón al pueblo. Lo único necesario para que la maldad prevalezca es que los hombres buenos no hagan nada en lo absoluto. En el presente hay demasiados cristianos tibios. Mientras tienen un cheque el día de pago y un lugar cómodo para vivir, muchos cristianos dicen: *"No le mueva. No intente involucrarme. No me moleste."*

Ezequías dijo a los sacerdotes que ellos habían sido negligentes. No habían estado haciendo su trabajo. Era tiempo de regresar y de hacer la obra de Dios.

Cuando mi esposa y yo comenzamos a trabajar con nuestra iglesia, fue por fe. No había un comité de bienvenida o un comité de mudanza. Tampoco había mucha gente con la cual comenzar. Lo que sí teníamos era un propósito en nuestros corazones que era hacer algo para Dios. Gracias a Dios, Él bendice a los cristianos que tienen un propósito en sus corazones. Ezequías sólo era un hombre, y estaba combatiendo contra un tremendo legado de maldad; pero dijo que había hecho un pacto con Dios y que iba a hacer algo para el Señor en su tiempo.

La Ejecución Desde Su Corazón

Segundo de Crónicas 29:15–19 nos dice cómo los sacerdotes renovaron el templo. *"Y entrando los sacerdotes dentro de la casa de Jehová para limpiarla, sacaron toda la inmundicia que hallaron en el templo de Jehová, al atrio de la casa de Jehová; y de allí los levitas la llevaron fuera al torrente de Cedrón"* (2 Crónicas 29:16). Los hombres de Dios entraron en el templo, sacaron las imágenes y varios artefactos religiosos paganos, y los tiraron al montón de basura. La pecaminosa parafernalia ya no estaría más en la casa de Dios.

Otra vez vemos la comparación a la mundanalidad en las iglesias en el presente. Si los cristianos quieren que Dios bendiga sus iglesias, deben creer en vivir santa y justamente. No deben permitir los desechos del pecado se metan sigilosamente en la casa de Dios. Ezequías sabía esto, así que los sacerdotes echaron fuera del templo lo mundano y lo pagano. Ezequías quitó los lugares altos y quebró las imágenes (2 Reyes 18:4). Esto es una referencia a las arboledas o los lugares altos utilizados para adorar a Baal.

Una vez que nos propongamos algo en nuestros corazones, el siguiente paso es ejecutarlo. Podemos tomar todo tipo de resoluciones y decisiones, pero a Dios no se le agrada solo con buenas intenciones. Ezequías fue un hombre quien tornó sus intenciones en acciones.

Ezequías fue personalmente a la casa de Dios. "*Y levantándose de mañana, el rey Ezequías reunió los principales de la ciudad, y subió a la casa de Jehová*" (2 Crónicas 29:20). En el versículo 22 vemos que hicieron sacrificios a Dios y vertieron la sangre sobre el altar: "*Mataron, pues, los novillos, y los sacerdotes recibieron la sangre, y la esparcieron sobre el altar; mataron luego los carneros, y esparcieron la sangre sobre el altar; asimismo mataron los corderos, y esparcieron la sangre sobre el altar.*" El versículo 24a dice, "*y los sacerdotes los mataron.*" Otra vez, la Escritura está mencionando la ofrenda por el pecado en la cual el macho cabrío es sacrificado. Los sacerdotes hacían una expiación por todo Israel al poner la sangre de los machos cabríos sacrificados sobre el altar.

Tan pronto como los sacerdotes abrieron el templo, ofrecieron inmediatamente el sacrificio y la sangre como una ofrenda para Dios. Esto es un gran cuadro de los que Jesucristo hizo por nosotros. La Biblia dice que aunque Él no conoció pecado, Él puso voluntariamente su vida en la cruz.

Ezequías propuso en su corazón hacer un pacto con Dios, diciendo que si Dios le usaba, él intentaría hacer una diferencia. El propósito de su corazón le dirigió a llevar a cabo su plan. Abrió la casa de Dios y la limpió; ofreció el sacrificio de sangre a través del sacerdocio levítico; el pacto fue restaurado entre el pueblo y Dios. La expiación fue hecha, y una vez más, Dios pudo bendecir a Su pueblo.

La Entrega Desde Su Corazón

Entonces mandó Ezequías sacrificar el holocausto en el altar; y cuando comenzó el holocausto, comenzó también el cántico de Jehová, con las trompetas y los instrumentos de David rey de Israel. Y toda la multitud adoraba, y los cantores cantaban, y los trompeteros sonaban las trompetas; todo esto duró hasta consumirse el holocausto. Y cuando acabaron de ofrecer, se inclinó el rey, y todos los que con él estaban, y adoraron. Entonces el rey Ezequías y los príncipes dijeron a los levitas que alabasen a Jehová con las palabras de David y de Asaf vidente; y ellos alabaron con gran alegría, y se inclinaron y adoraron.—2 Crónicas 29:27–30.

Después que Ezequías propuso en su corazón servir al Señor, el pueblo dio una entrega desde sus corazones. Después que fue hecho el sacrificio, la primera orden fue alabar y adorar a Dios. Alabanza y adoración debe ser la respuesta normal de alguien quien ha sido reconciliado con Dios. Cuando las cosas están bien entre usted y el Señor, usted tiene razón para alabarle y cantarle a Él. Ellos presentaron la ofrenda de alabanza. En los himnarios de muchas iglesias hay cantos con palabras como estas:

¡Divina gracia! Don de amor,
¡Que a un infeliz salvó!

Hay un precioso manantial
De sangre de Emmanuel;

Que purifica a cada cual,
Que se sumerge en Él.

Los cristianos entonan estos cánticos a Dios por lo que Él ha hecho por nosotros. Ezequías alabó a su Dios porque la expiación que había sido hecha, la casa de Dios se había reabierto, y el pueblo de Dios estaba trabajando con él.

La entrega de su corazón se realizó en la forma de una ofrenda de gratitud. Segunda Crónicas 29:31, dice, "*Y respondiendo Ezequías, dijo, Vosotros os habéis consagrado ahora a Jehová; acercaos, pues, y presentad sacrificios y alabanzas en la casa de Jehová. Y la multitud presentó sacrificios y alabanzas; y todos los generosos de corazón trajeron holocaustos.*" La ofrenda encendida dada al Señor era también llamada una ofrenda de acción de gracias.

Para entender el compromiso envuelto en este sacrificio, necesitamos recordar que la ofrenda de acción de gracias era aparte del diezmo. La Biblia nos dice en 2 Crónicas 31:4 que el pueblo daba un diezmo para la tribu de Leví. La ofrenda de acción de gracias era algo por encima y más allá del diezmo. Esta era una ofrenda dada por aquellos quienes tenían un corazón generoso. También podía llamársele ofrenda voluntaria. Este pueblo estaba dispuesto de corazón. Ellos querían que la casa de Dios fuera abierta. Querían ver a la tribu de Leví ofrecer sacrificios y estaban dispuestos a ayudar para terminar el trabajo. Esta ofrenda de acción de gracias era ofrecida por la gente que estaba dispuesta a dar y estaba entusiasmada por lo que Dios estaba haciendo. Estaban totalmente dedicados y consagrados a Dios.

Éxodo 25:2 habla de un tiempo en la historia de Israel cuando los israelitas estaban construyendo el Tabernáculo. Se le mandó a Moisés que reuniera una ofrenda. Note las palabras de Dios: *"Di a los hijos de Israel que tomen para mí ofrenda; de todo varón que la diere de su voluntad, de corazón, tomaréis mi ofrenda."* El requisito de Dios para una ofrenda es que sea desde un corazón dispuesto. La ofrenda debe venir de dentro del corazón de cada creyente.

"Porque si primero hay la voluntad dispuesta, será acepta según lo que uno tiene, no según lo que no tiene" (2 Corintios 8:12). En la era Neo testamentaria, los cristianos deben de tener una mente dispuesta justo como en los días del Antiguo Testamento de Ezequías cuando el pueblo de Dios tenía una mente lista y un corazón dispuesto. Dios dice que debemos estar dispuestos para hacer Su obra. Entonces Él dice, *"no digo esto para que haya para otros holgura, y para vosotros estrechez"* (2 Corintios 8:13b). Ofrendar involucra igualdad en sacrificio, no igualdad en el dar. El Señor dice que un cristiano debe estar dispuesto lo que pueda de acuerdo con la forma que Dios le ha bendecido en lo individual.

En 2 Corintios 9:7a, la Biblia dice, *"Cada uno dé como propuso en su corazón."* Así como Ezequías tomó la ofrenda de los judíos en el Antiguo Testamento, también es en el Nuevo Testamento: *"Cada uno dé como propuso en su corazón: no con tristeza, ni por necesidad, porque Dios ama al dador alegre."* Como Ezequías, el pueblo de Dios debe determinar que la sociedad necesita algunos cambios y entonces, tomar las medidas necesarias para hacer que esos cambios ocurran.

¿Qué ocurrió en la situación de Ezequías? *"Y quedó restablecido el servicio de la casa de Jehová"* (2 Crónicas 29:35b). La casa del Señor había estado cerrada y llena con perversidad. No había sido usada como Dios había planeado que se usara, y el paganismo proliferó. De pronto, el pueblo se unió para limpiar la casa y abrir las puertas. La Biblia dice, *"Y quedó restablecido el servicio de la casa de Jehová."* Qué momento tan emocionante para los judíos cuando se reunieron y dijeron, *"Todo está en orden como debe de estar. ¡Ahora podemos adorar y alabar a nuestro Dios! ¡Todo está concluido!"*

Segunda Crónicas 29:36, dice, *"Y se alegró Ezequías con todo el pueblo, de que Dios hubiese preparado el pueblo; porque la cosa fue hecha rápidamente."* Ezequías se regocijó porque Dios había preparado los corazones del pueblo. Ezequías no estaba emocionado por la reapertura del templo tanto como estaba emocionado por la manera en Dios estaba obrando en los corazones del pueblo. Ezequías se regocijó porque Dios había preparado al pueblo.

Dios quiere prepararle también. Dios quiere hacer algo en cada corazón. Si usted permite a Dios hacer algo en su corazón, ¡grandes cosas podrían ser hechas a través de su vida y la obra colectiva del pueblo de Dios! Cuando Dios obra en su corazón, prepárese, porque Él trabajará a través de su vida. Él tuvo que trabajar en el corazón de Ezequías antes de que Él trabajara a través de la vida de Ezequías.

CAPÍTULO QUINCE

El Corazón de Una Mujer para Dios

*Aconteció que yendo de camino, entró en una aldea;
y una mujer llamada Marta le recibió en su casa.
Esta tenía una hermana que se llamaba María, la
cual, sentándose a los pies de Jesús, oía su palabra.
Pero Marta se preocupaba con muchos quehaceres,
y acercándose, dijo, Señor, ¿no te da cuidado que
mi hermana me deje servir sola? Dile, pues, que me
ayude. Respondiendo Jesús, le dijo, Marta, Marta,
afanada y turbada estás con muchas cosas. Pero sólo
una cosa es necesaria; y María ha escogido la buena
parte, la cual no le será quitada.*—LUCAS 10:38–42

E s importante recordar que la Palabra de Dios
honra a las madres y a otras mujeres. De hecho, las
historias más hermosas que alguna vez se hayan escrito

se encuentran en la Biblia. El Antiguo Testamento está lleno de ilustraciones que honran a las madres y a otras mujeres. Jocabed, la piadosa madre de Moisés, obró para preservar la vida de aquel quien libraría a los hijos de Israel de Egipto. Ana oró por un hijo quien sería un profeta de Dios. Débora y Abigail tenían gran fortaleza espiritual y fe.

En el Nuevo Testamento, son honradas muchas mujeres piadosas. María, la madre de Jesús, de entre las mujeres fue altamente favorecida. Aunque nosotros no oramos a María, sí nos damos cuenta que fue una mujer santa y piadosa. Ella fue altamente favorecida y es digna de la admiración de cada cristiano que cree en la Biblia.

La Biblia honra a las mujeres y realza su lugar y papel en la sociedad. A pesar de lo que puedan decir los feministas, la Biblia no degrada a las mujeres ni pone a la esposa o a la madre en el hogar. Las mujeres de hoy en día necesitan dejar de prestar atención a la sociedad y escuchar a la Palabra de Dios. De acuerdo con la Biblia, las damas son dignas de honor. Las mujeres más equilibradas y gozosas de las que se escribe en la Palabra de Dios fueron mujeres quienes verdaderamente sometieron sus vidas a los principios de Dios y evidenciaron un corazón para Dios. En Lucas 10:38–42, Jesús visitó el pueblo de Betania, en la ladera al este del Monte de los Olivos. Este era uno de los lugares favoritos para ir a descansar de Jesús. Betania era el hogar de Marta, María y Lázaro. Debido a que Jesús amaba a Lázaro tan profundamente, lloró cuando él murió. El amor de Jesús por María y Marta fue evidente cuando, después de escuchar a sus ruegos, levantó a Lázaro de la muerte. Antes de esos eventos, Jesús y sus discípulos visitaron a las señoras para recibir un bocado de manera que pudieran seguir con su trabajo. Ambas mujeres manejaron la misma oportunidad de servir en maneras notablemente diferentes.

La Recepción de Marta

Marta recibió a Jesús en su casa, pero Lucas 10:40, dice que ella: *"Pero Marta se preocupaba con muchos quehaceres, y acercándose, dijo, Señor, ¿no te da cuidado que mi hermana me deje servir sola? Dile, pues, que me ayude."* Marta estaba lista para servir, y estaba emocionada de que Jesús estuviera allí. Ella estaba ocupada preparando comida y limpiando la casa. Se debe reconocer a Marta por su hospitalidad y deseo de trabajar para el Salvador, pero estaba tan ocupada que olvidó qué era lo más importante.

Hace unos años, mi esposa y yo salimos a hacer una visita. La familia sabía que nosotros íbamos a llegar, pero por alguna razón el varón no estaba allí. Tocamos la puerta y oímos "¡entren!," desde adentro de la casa. Entramos; la señora en la casa estaba acostada en un sofá comiendo "Ho-Ho's." Durante todo el tiempo que estuvimos allí, siguió comiendo Ho-Ho's y veía la televisión. Esperé para que me prestara atención, pero nunca me atendió. Seguí hablando acerca de la iglesia y del Señor. Esta mujer ciertamente era todo lo opuesto de Marta. ¡Esta mujer ni siquiera saludó a las visitas en su hogar!

Marta estaba *"preocupada con muchos quehaceres."* Ella estaba atribulada, frustrada, y estresada. Sus invitados habían llegado, y no estaba lista. Marta era del tipo que había tomado cada clase de cocina posible, esperaba que los bocadillos estuvieran perfectas, quería que todo estuviera puesto apropiadamente; y ella tal vez tenía la esperanza de que sus vecinos supieran que Jesús estaba allí. Marta fue atrapada en la tiranía de lo urgente.

Hay niveles sin precedentes de estrés y expectación para las mujeres de Norteamérica. La presión a sobresalir es más intensa ahora que nunca antes. Si una señora no sube hasta la cima, la sociedad dice que ella es un poco de nada.

En septiembre de 1992, *U.S. News and World Report*[1] condujo una encuesta en la cual se les hizo a las mujeres esta pregunta: "Si usted tuviera la oportunidad de conseguir un trabajo que le pagará más dinero y que le ofreciera mayor desarrollo en el área de su carrera, pero le diera menos tiempo con sus hijos, ¿aceptaría el trabajo?" Dos terceras partes de las señoras encuestadas dijeron, "Aceptaría el trabajo." ¿Por qué? Porque hay una presión que empuja a ganar dinero y realizarse.

Las mujeres se enfrentan constantemente con la presión de mantener una agenda rigurosa. En adición a hacer recados, cocinar las comidas, y lavar la ropa, a menudo tienen que lidiar con gritos en casa, relaciones tensas, dormir poco, sobredosis de televisión, ir y venir al trabajo, citas con el doctor, teléfonos sonando, y clases extra de la universidad. ¡No sorprende que tengan dolor de cabeza! Existen muchas cosas que ocasionan estrés. Se debe elogiar a la mayoría de las mujeres cristianas porque, como Marta, están intentando ayudar. Están intentando hacer algo bueno para otros; pero al intentar lograrlo, algunas veces olvidan lo más importante en la vida. Este era el tipo de situación en la que se encontraba Marta. Estaba atribulada y cargada con todas las presiones que tenía que enfrentar.

Dios le ama y quiere que usted le conozca mejor. Marta estaba tan metida en servir que se le olvidó que el Hijo de Dios

---

1   Noticias en los Estados Unidos y Reportes mundiales

estaba allí. Estaba tan ocupada haciendo los preparativos que había sido negligente con la oportunidad de pasar tiempo con Jesús.

Marta dijo, *"Señor, ¿no te da cuidado que mi hermana me deje servir sola? Dile, pues, que me ayude"* (Lucas 10:40). No sorprendió a Jesús que María estuviera escuchando atentamente a Sus palabras mientras Marta, ocupada sirviendo, estresada, y bajo presión, estuviera quejándose un tanto. ¡Dijo que ella era la única que estaba trabajando! ¡Ella era la única haciendo las tareas! ¡Estaba intentando cocinar toda la comida, y María estaba holgazaneando! Eso suena como una hermana, ¿no es así?

Marta estaba demasiado ocupada asegurándose de que todo estuviera bien. Muchas veces, este tipo de servicio está centrado en uno y motivado por los siguientes pensamientos: *"¡Miren la comida que yo preparé! ¡Miren el trabajo que tengo! ¡Miren lo que hago, y miren lo que ella no está haciendo! ¡Miren el bien que le hago a la sociedad!"* Algunos de los sirvientes más ocupados pueden llegar a estar llenos con auto compasión. Después de un rato, sienten que a nadie le importa lo que hacen. Trabajan, cambian pañales, lavan vajillas, cocinan, e intentan cuidar de la familia. Pero si no tienen cuidado, puede que estén hablando entre los dientes, "Señor, mira lo que hago. A nadie le importa." Marta estaba tan metida y estresada que estaba perdiendo la bendición.

La Reacción de María

¿Qué era exactamente lo que María estaba haciendo? La Biblia dice en Lucas 10:39: *"Esta tenía una hermana que se llamaba María, la cual, sentándose a los pies de Jesús, oía su palabra."*

El versículo 40 indica que María había estado ayudando. No estoy abogando que las mujeres se detengan de hacer sus labores, vayan a un monasterio, y lean todo lo escrito acerca de Dios. María no fue negligente con su deber. Había estado ayudando en la cocina, pero ahora había venido a Jesús porque sabía la importancia de estar cerca de Él. Esta mujer tenía un corazón para Dios. Había estado preocupada con la comida y la limpieza, pero más que nada, ella quería estar cerca al Hijo de Dios. Olvidó la clase de cocina, el prestigio, y todo lo que ocupa a otras personas. María puso todo eso a un lado para encargarse de algo más importante.

La Biblia dice que María se sentó a los pies de Jesús, lo cual era una señal de su humildad ante Su presencia. *"Porque en él habita corporalmente toda la plenitud de la Deidad"* (Colosenses 2:9). Cristo era el Dios-Hombre. Él era cien por ciento hombre y cien por ciento Dios. Él era Dios en la carne. No era un visitante común o solo otro profeta. María se dio cuenta de que Dios, en la carne, estaba en su casa. María dijo que necesitaban terminar de limpiar, pero que podían hacer algo de eso más tarde. El Hijo de Dios estaba en su casa. Pongámonos a Sus pies y escuchémosle enseñar la Palabra.

Juan 12 dice que María ungió a Jesús con una libra de nardo. El nardo era un aceite muy costoso. María lo vertió a los pies de Jesús y entonces enjugó Sus pies con su cabello. Viendo eso, Judas dijo, *"¿Por qué no fue este perfume vendido por trescientos denarios, y dado a los pobres?"* A Judas no le importaban los pobres. Él tenía la bolsa y quería el dinero.

María pudo haber invertido el aceite para ganar dinero o subir algún tipo de escalera corporativa, pero ella quería invertir su vida en Jesucristo porque se dio cuenta que había vida después de la muerte. Recordando esto, ella se quedó cerca a Jesús.

María se sentó a los pies de Jesús y *"escuchó su palabra."* Escuchó lo que Él tenía que decir. Cada palabra que habló Jesús era la Palabra de Dios, y ella estaba allí recibiéndola toda. Jesús habló al Padre en Juan 17:17, *"Santifícalos en tu verdad; tu palabra es verdad."* La Palabra de Dios es verdad.

La Biblia nos dice en Romanos 10:17 que *"la fe viene por el oír, y el oír, por la palabra de Dios."* La única manera en la que podemos crecer en la vida cristiana es por escuchar y por leer la Palabra de Dios. María sabía esto. Ella no se iba a estresar por tener visitas. María iba a sentarse a los pies de Jesucristo y a escuchar la Palabra de Dios.

Cuando estamos estresados, generalmente lo último que pasa por nuestras mentes es el Señor, la Biblia, la oración o la iglesia. Pero estas cosas son precisamente las que nos aliviarán el estrés. María puso al lado todas las cosas materiales y se dio cuenta que ella necesitaba estar a los pies de Jesús. Necesitaba estar cerca de Él, escuchar Su Palabra.

Marta estaba preocupada por las cosas externas, pero María estaba sobrecogida por la presencia del Hijo de Dios. Cristiano, ¿te preocupas demasiado por cómo te ves y qué tanto has progresado, o te preocupas en primera instancia por tu relación con el Señor Jesucristo?

La Revelación de Jesús

En Lucas 10:41, Jesús dijo, *"Marta, Marta." Quería que dejara los platos por un minuto. Él dijo, "Marta, Marta, afanada estás con muchas cosas."* Toda mujer se puede identificar con esto. También se aplica a hombres. El estrés llega a ser más grande y más grande, y las presiones se multiplican cada año que pasa.

Jesús dijo, *"Pero sólo una cosa es necesaria."*

Sólo hay una cosa que es realmente importante en esta vida, *"y María ha escogido la buena parte."* María hizo la elección correcta. Su relación con Jesús es por completo su decisión. Usted debe elegir tener una relación.

¿Cuál fue la revelación de Jesús? Él dijo, *"una sola cosa es necesaria."* Amonestando a la Iglesia en Corinto, el apóstol Pablo dijo, *"...para que sin impedimento os acerquéis al Señor"* (1 Corintios 7:35b). A los cristianos se les amonesta a buscar primero *"el reino de Dios y su justicia, y todas estas cosas os serán añadidas"* (Mateo 6:33). La necesidad más importante en nuestra vida es saber que tenemos una relación personal con Cristo. Para que esa relación crezca, debemos sentarnos a Sus pies, meternos en Su Palabra, orar, y conocerle de una mejor manera. Esto es lo más necesario en la vida para cualquier cristiano.

Jesús dijo, *"María ha escogido la buena parte, la cual no le será quitada."* Al final de ese día, los alimentos que no se comieron se echaron a perder. Al final de nuestros días, las cosas bonitas de porcelana y todas las demás que tenemos se deteriorarán. Sólo hay una cosa que es realmente necesaria. Si usted la elige, nunca la perderá. Cuando elegimos a Jesucristo como nuestro Salvador, nadie puede quitarnos esa relación.

Vivimos en un día cuando las mujeres se enfrentan con muchas decisiones. Distintos grupos de gente están decidiendo por nosotros. Puede que enfrentemos desafíos. Pero sólo una cosa es necesaria: una relación con Jesucristo.

Un misionero de Brasil cuenta la historia de una mujer llamada María. María vivía en una aladea sumamente pobre a muchas millas de Río de Janeiro. Su esposo había fallecido, y ella y su hija, Cristina, vivían en una humilde chocita con piso de tierra. Los muebles de la vivienda consistían en dos pequeñas tablas para dormir y una tinaja como lavabo. María estaba haciendo su mejor esfuerzo para criar a Cristina. Intentaba ser la mejor mamá que podía ser. Le daba a Cristina todo lo que podía darle con su limitado ingreso. Al ir creciendo, la niña se volvió resentida y rebelde porque otras niñas tenían papá y ella no. Otras niñas tenían ropa nueva, y ella no. Siempre parecía que las otras niñas tenían cosas más bonitas.

Cristina comenzó a soñar con una vida mejor. Algunas veces susurraba muy suavemente: *"Algún día me voy a Rio de Janeiro, y entonces realmente voy a vivir."* Cada vez que decía eso, María se estremecía. La mamá sabía que muchas niñas quienes habían ido a Rio de Janeiro se habían involucrado en drogas, prostitución, y una vida de maldad. María oraba que ella no se fuera. Pero un día que María regresó a casa encontró que las pocas cosas de Cristina habían sido empacadas. Ella se había ido.

Inmediatamente María supo que necesitaba hacer. Empacó lo indispensable y fue a una cabina fotográfica. Utilizando un poco de su dinero, se tomó varias fotos. Tomó lo que le quedaba de dinero y compró un boleto de ida y vuelta a Rio de Janeiro. En el autobús rumbo a Rio de Janeiro, escribió una nota en la parte de atrás de cada fotografía. Después que llegó su autobús, María fue a cada bar y hotel donde Cristina pudiera estar, esto para pegar una foto en algún lugar a la vista de la gente. Puso fotografías por toda la ciudad. Cuando se le acabó su dinero, María tuvo que regresar a casa. Oró mientras iba de regreso.

Semanas más tarde, mientras iba bajando por las escaleras de un hotel, Cristina miró por encima del reloj en el lobby y vio una fotografía de alguien quien le parecía familiar. Caminó para acercarse más, y con las manos temblorosas tomó la foto de su mamá. Miró la foto por un momento, y entonces la volteó. La parte de atrás de la foto, decía: *"Lo que hayas hecho, en lo que te hayas convertido, no importa. Por favor regresa a casa."* Cristina regresó a su casa inmediatamente.

No importa lo que usted haya hecho, no importa en qué se haya convertido, eso no le importa a Jesucristo. Él le ama. Ha pagado el precio por todos sus pecados. Él dice, *"Una cosa es necesaria."* Lo único que es necesario es una relación con Jesucristo.

Usted tal vez haya estado estresado al extremo por un niño caprichoso, o un cáncer prolongado, o por la incertidumbre del futuro. Aprendamos de María y recordemos este principio: Una cosa es necesaria.

C A P Í T U L O   D I E C I S É I S

Un Corazón Útil

Dijo Jehová a Samuel: ¿Hasta cuándo llorarás a Saúl, habiéndolo yo desechado para que no reine sobre Israel? Llena tu cuerno de aceite, y ven, te enviaré a Isaí de Belén, porque de sus hijos me he provisto de rey. Y dijo Samuel: ¿Cómo iré? Si Saúl lo supiera, me mataría. Jehová respondió: Toma contigo una becerra de la vacada, y di: A ofrecer sacrificio a Jehová he venido. Y llama a Isaí al sacrificio, y yo te enseñaré lo que has de hacer; y me ungirás al que yo te dijere. Hizo, pues, Samuel como le dijo Jehová; y luego que él llegó a Belén, los ancianos de la ciudad salieron a recibirle con miedo, y dijeron, ¿Es pacífica tu venida? El respondió: Sí, vengo a ofrecer sacrificio a Jehová; santificaos, y venid conmigo al sacrificio. Y santificando él a Isaí y a sus hijos, los llamó al sacrificio. Y aconteció que cuando ellos vinieron, él vio a Eliab, y dijo, De cierto delante de Jehová está su ungido. Y Jehová respondió a Samuel: No mires a su parecer, ni a lo grande de su estatura, porque yo lo desecho; porque Jehová no mira lo que mira el hombre; pues el hombre mira lo que está delante de sus ojos, pero Jehová mira el corazón. Entonces llamó Isaí a Abinadab, y lo hizo pasar delante de Samuel, el cual dijo, Tampoco a éste ha escogido Jehová. Hizo luego pasar Isaí a Sama. Y él dijo, Tampoco a éste ha elegido Jehová. E hizo pasar Isaí siete hijos suyos delante de Samuel; pero Samuel dijo a Isaí: Jehová no ha elegido a éstos. Entonces dijo Samuel a Isaí: ¿Son éstos todos tus hijos? Y él respondió: Queda aún el menor, que apacienta las ovejas. Y dijo Samuel a Isaí: Envía por él, porque no nos sentaremos a la mesa hasta que él venga aquí. Envió, pues, por él, y le hizo entrar; y era rubio, hermoso de ojos, y de buen parecer. Entonces Jehová dijo, Levántate y úngelo, porque éste es. Y Samuel tomó el cuerno del aceite, y lo ungió en medio de sus hermanos; y desde aquel día en adelante el Espíritu de Jehová vino sobre David. Se levantó luego Samuel, y se volvió a Ramá.—1 Samuel 16:1–13

Todos conocen el lema de los marinos de los Estados Unidos: "Estamos buscando unos cuantos hombres buenos." También es verdad que el Señor está buscando algunas personas con el corazón rendido a Él, gente cuyo servicio sea el derramamiento de un corazón espiritual. Leer 1 Samuel 16 produce gran convicción y preocupación. La Biblia nos dice en esta porción de la Escritura que el Señor ve nuestros corazones. Dios mira desde el cielo y ve más allá de lo externo en nosotros; Él ve directo en nuestros corazones.

¿Qué es lo que Dios ve cuando mira en su corazón? La Biblia dice en 1 Samuel 16:7b: *"porque Jehová no mira lo que mira el hombre; pues el hombre mira lo que está delante de sus ojos, pero Jehová mira el corazón."*

Este pasaje en 1 Samuel se refiere a un tiempo en la historia cuando Israel demandó un rey. Habían rechazado la teocracia de Dios, y no querían obedecer a los profetas. Ellos dijeron, *"Danos un rey como las otras naciones. Queremos un rey."* Así que Dios les dio un rey. La Biblia nos presenta a ese rey en el capítulo 9. Su nombre era Saúl. La Biblia dice que Saúl era de una familia muy acaudalada. Él era muy fuerte, al estar de pie, de hombros arriba era más alto que todos los israelitas, y era muy valiente.

Saúl, Un Corazón Que Estaba Orgulloso

En los ojos del mundo, Saúl estaba totalmente calificado para ser rey. Inicialmente, tenía algo de reverencia por las cosas de Dios; pero eventualmente, el corazón de Saúl se alejó, y su corazón se volvió muy orgulloso.

Obstinación Religiosa

El orgullo de Saúl salió a relucir como una obstinación religiosa. La Biblia dice en 1 Samuel 13:1–4 *"Había ya reinado Saúl un año; y cuando hubo reinado dos años sobre Israel, escogió luego a tres mil hombres de Israel, de los cuales estaban con Saúl dos mil en Micmas y en el monte de Bet-el, y mil estaban con Jonatán en Gabaa de Benjamín; y envió al resto del pueblo cada uno a sus tiendas. Y Jonatán atacó a la guarnición de los filisteos que había en el collado, y lo oyeron los filisteos.*

E hizo Saúl tocar trompeta por todo el país, diciendo: Oigan los hebreos. Y todo Israel oyó que se decía: Saúl ha atacado a la guarnición de los filisteos; y también que Israel se había hecho abominable a los filisteos."

Saúl clamaba que él había logrado esa victoria en Geba y que él era quien había traído la victoria para los hijos de Israel. Él estaba *"tocando sus propias trompetas"* cuando fue Jonatán quien de verdad y sinceramente había ganado la batalla. Note que ocurre en el versículo 8 del mismo capítulo: *"Y él esperó siete días, conforme al plazo que Samuel había dicho; pero Samuel no venía a Gilgal, y el pueblo se le desertaba."* Después de cada victoria se ofrecía un sacrificio a Dios. Dios tenía leyes específicas para cómo debía darse el sacrificio y quién tenía que darlo. Este sacrificio tenía que ser ofrecido únicamente por el sacerdote. Ni siquiera un rey podía hacer este trabajo. Saúl, impacientándose, dice en los versículos 9 al 11: *"Entonces dijo Saúl: Traedme holocausto y ofrendas de paz. Y ofreció el holocausto. Y cuando él acababa de ofrecer el holocausto, he aquí Samuel que venía; y Saúl salió a recibirle, para saludarle. Entonces Samuel dijo, ¿Qué has hecho? Y Saúl respondió: Porque vi que el pueblo se me desertaba, y que tú no venías dentro del plazo señalado, y que los filisteos estaban reunidos en Micmas....."*

Solo porque había habido una gran victoria, Saúl pensó que él podía hacer sus propias reglas en cuanto a cómo adorar a Dios. Por eso, ofreció un sacrificio el cual sólo el sacerdote estaba autorizado para presentarlo.

Una de las más grandes pruebas del carácter de una persona viene cuando Dios comienza a bendecirle. Saúl estaba siendo bendecido, pero se volvió egoísta en lugar de someterse humildemente a Dios. La Biblia dice que Saúl hizo su propio sacrificio y sustituyó consigo mismo al varón de Dios.

Esto es frecuente actualmente en la cristiandad. Los cristianos llegan a llenarse de orgullo y quieren practicar religión a su manera. Un hombre me dijo que él adora a Dios en Yosemite. Sí, podemos adorar a Dios en Yosemite o en cualquier otro lugar sobre la tierra, pero Hebreos 10:25, dice, *"No dejando de congregarnos, como algunos tienen por costumbre, sino exhortándonos, y tanto más, cuanto veis que aquel día se acerca."* Jesús ama a la Iglesia y se dio a sí mismo por ella. Él nos llama a reunirnos como una asamblea para venir y adorarle. Cada cristiano necesita ser parte de una iglesia local que cree en la Biblia que esté predicando las verdades fundamentales de la Palabra de Dios. Dios nunca nos ordenó escribir nuestras propias reglas. Sin embargo, Saúl estaba lleno de orgullo, y estaba cansado de esperar a Samuel. Él iba a hacer lo que quería y ofreció aquel sacrificio. Saúl era un hombre lleno de orgullo.

Desobediencia Abierta

El pecado de Saúl no sólo fue que inventó su propia manera para servir o adorar a Dios; también fue la desobediencia abierta. Primero de Samuel 15:1–8, dice,

> *Después Samuel dijo a Saúl: Jehová me envió a que te ungiese por rey sobre su pueblo Israel; ahora, pues, está atento a las palabras de Jehová. Así ha dicho Jehová de los ejércitos: Yo castigaré lo que hizo Amalec a Israel al oponérsele en el camino cuando subía de Egipto. Ve, pues, y hiere a Amalec, y destruye todo lo que tiene, **y no te apiades de él;** mata a hombres, mujeres, niños, y aun los de pecho, vacas, ovejas, camellos y asnos. Saúl, pues, convocó al pueblo y les pasó revista en Telaim,*

doscientos mil de a pie, y diez mil hombres de Judá. Y
viniendo Saúl a la ciudad de Amalec, puso emboscada en
el valle. Y dijo Saúl a los ceneos: Idos, apartaos y salid de
entre los de Amalec, para que no os destruya juntamente
con ellos; porque vosotros mostrasteis misericordia a
todos los hijos de Israel, cuando subían de Egipto. Y se
apartaron los ceneos de entre los hijos de Amalec. Y Saúl
derrotó a los amalecitas desde Havila hasta llegar a Shur,
que está al oriente de Egipto. Y tomó vivo a Agag rey de
Amalec, pero a todo el pueblo mató a filo de espada.

Los amalecitas habían estado peleando contra Israel, así
que Dios dijo a Saúl que los destruyera. Dios había advertido
a los amalecitas que Él los castigaría por pelear contra Israel.
Dios quería que mataran a toda la gente y a todos los animales.
Saúl destruyó a cada uno de ellos excepto al rey. El mantener
con vida al rey de los amalecitas era el pequeño trofeo de
guerra de Saúl. La Biblia continúa en el versículo 21a, "*Mas el*
pueblo tomó del botín ovejas y vacas, las primicias del anatema."
Este versículo demuestra otra vez la franca desobediencia de
un hombre quien inventó sus propias reglas en cuanto a la
adoración y la manera de pelear las batallas de Dios. Saúl fue
abiertamente desobediente a Dios.

En lugar de seguir los mandamientos de Dios, Saúl inventó
excusas en el versículo 22: "*Y Samuel dijo, ¿Se complace Jehová*
tanto en los holocaustos y víctimas, como en que se obedezca a
las palabras de Jehová? Ciertamente el obedecer es mejor que los
sacrificios, y el prestar atención que la grosura de los carneros."

Vivimos en el día de las excusas. A menudo, la gente dice,
"*Yo podría llegar a ser muy dedicado al Señor, pero hay algunas*
cosas que quiero conservar para mí." La excusa de Saúl fue que
mantuvo con vida a los animales porque iban a servir mejor

al Señor. Esa es la razón que ellos cometieron el pecado de la desobediencia.

Rebelión

La rebelión abierta sigue a la desobediencia. En 1 Samuel 15:23, la Biblia dice, *"Porque como pecado de adivinación es la rebelión, y como ídolos e idolatría la obstinación. Por cuanto tú desechaste la palabra de Jehová, él también te ha desechado para que no seas rey."*

Cuando un cristiano es rebelde, terco, y lucha contra la voluntad de Dios, Dios mira al corazón y se pregunta cómo es que puede obrar a través de eso. ¿Cómo puede Él promocionar semejante clase de corazón? De hecho, Dios dijo a Saúl que Él debía rechazarle debido a que estaba intentando de ofrecer sacrificios a su manera. Él estaba escribiendo sus propias reglas acerca de cómo enfrentar una batalla. Como resultado, se había vuelto desobediente. Es como el pecado de la brujería.

Durante mis primeros años en la preparatoria, asistí a una escuela cristiana y jugué en el equipo de fútbol americano. Pude conocer a algunos de los muchachos de la escuela particularmente bien. Recuerdo específicamente a un muchacho llamado Dave. Aunque asistía a una escuela cristiana, era uno de los jóvenes más mal hablados que haya conocido. Algunas veces los papás intentan reformar a sus hijos quienes tienen problemas por ponerlos en una escuela cristiana. Este era el caso de Dave. Él era rebelde. Cada vez que alguien con autoridad le decía algo a él, él maldeciría entre dientes. Cuando otros trataban de animarlo para que hiciera lo correcto, él se burlaba; cada vez que la gente pasaba al frente durante una invitación, él se reía. Recuerdo muy bien su rebeldía malvada contra la autoridad.

Años más tarde, después que entré al ministerio y estaba viviendo en San José, California, andaba afuera invitando gente a la Iglesia. Un hombre con una barba larga y desaliñada me abrió la puerta. Una música rock ruidosa sonaba muy fuerte a través de las ventanas, y una nube de humo de marihuana salió flotando por la puerta. El hombre traía en su mano una botella de vino, y la marihuana sobre la mesa de centro.

¿Qué quiere? Gruñó.

Dije, "Soy Paul Chappell, y ando invitando a la gente a que venga a la Iglesia. Le quisiera animar a que nos visitara."

El hombre dijo, "¡Yo sé quién es usted!"

"¿De verdad?" le pregunté.

Él dijo, "Sí, ¡Te conozco! De hecho, yo era el defensor en el equipo de la preparatoria. Nos sentábamos juntos rumbo a algunos juegos. Mi nombre es Dave." Me dio su apellido.

"¿Eres Dave?"

Él dijo, "Sí, es correcto. Me he casado y divorciado dos veces hasta ahora. La mujer allí dentro, solo estoy viviendo con ella. Tengo un bebé en algún lado, y no sé dónde está. Parece que no puedo conseguir trabajo."

Él era un hombre que, cada vez que el predicador intentaba darle algo de dirección para su vida, diría: "¡Ah, el tonto idiota! ¡No sabe de lo que está hablando!" Siempre que un maestro intentara corregirle o ayudarle, él decía: "¡Ese tipo es un tonto!" Aquí estaba un hombre que había sido inclinado a la rebelión en su juventud. La noche que se graduó de la escuela cristiana a la que asistimos juntos, salió a emborracharse. Ahora con veintidós años de edad, su vida ha sido arruinada por el pecado y la rebelión. Mientras me decía la historia de su vida, recordé el versículo, "Porque como pecado de adivinación es la rebeldía." Si usted quiere alterar su vida, sea rebelde y terco. Si quiere arruinar su futuro, entonces siga el ejemplo de Saúl. Se volvió obstinado en la manera que adoraba, fue desobediente a Dios, y dejó que una actitud rebelde permeara su corazón.

La rebelión es lo que separa a mucha gente de las cosas de Dios. La rebelión le ocasionó a Saúl una muerte temprana. La Biblia dice en el Salmo 101:5b: *"No sufriré al de ojos altaneros y de corazón vanidoso."*

La Biblia dice en 1 Samuel 13:14 que Dios está buscando a un hombre conforme a Su corazón. Saúl pudo haber reinado y tenido victoria tras victoria si únicamente hubiera ofrecido a Dios un corazón tierno y sensitivo.

David, Un Corazón Que Era Puro

Primero de Samuel 16 habla de un hombre llamado David, cuyo corazón era puro. Su corazón era una bendición para el Señor. El Señor había dicho a Samuel en 1 Samuel 16:1b, *"¿Hasta cuándo llorarás a Saúl, habiéndolo yo desechado para que no reine sobre Israel?"* Samuel debió haber sido un hombre piadoso y sufrido porque se sintió mal por Saúl; pero Dios dijo que Él había desechado a Saúl. Saúl pudo haber servido a Dios de alguna otra manera. Sin embargo, nadie que deseche la voluntad de Dios como resultado de desobediencia o rebelión será alguna vez capaz de hacer lo que originalmente Dios planeó para que esa persona hiciera.

Dios envió a Samuel a la casa de Isaí a buscar a un hombre con un corazón puro, así que Isaí formó a sus muchachos. Aunque él tal vez no haya sabido exactamente lo que estaba pasando, Isaí ciertamente estaba orgulloso y emocionado de que un varón de Dios quisiera ver a sus hijos. La Biblia dice en 1 Samuel 16:6, *"Y aconteció que cuando ellos vinieron, él vio a Eliab."* Samuel vio al grande, fuerte y guapo Eliab y dijo, *"De cierto delante de Jehová está su ungido."* Sin embargo, las buenas credenciales de una persona no necesariamente le hacen la primera elección de Dios.

La Biblia dice en 1 Corintios 1:27, *"sino que lo necio del mundo escogió Dios, para avergonzar a los sabios; y lo débil del mundo escogió Dios, para avergonzar a lo fuerte."* El versículo 29 nos dice, *"a fin de que nadie se jacte en su presencia."* Aún cuando la gente sea acaudalada, fuerte y con conocimientos, como Saúl, la rebelión puede hacer inútiles para Dios.

David es Ungido

Después de que sus hermanos mayores más calificados fueron examinados, David fue ungido para ser rey sobre Israel. Puede que alguien pregunte: *"¿Por qué fue elegido David? ¿Cómo puedo saber que soy de utilidad para Dios?"* Las razones de Dios para escoger a David para reinar sobre Israel son evidentes en el Salmo 23. David estaba verdaderamente preparado, y tenía un corazón puro. *"Jehová es mi pastor."*

David fue elegido porque él era salvo. Antes de que el Señor use a alguien alguna vez, esa persona debe haber aceptado a Jesucristo como su Salvador personal.

Mientras él oraba y estudiaba la Ley fuera en el campo y sobre las colinas, indudablemente David llegó a estar consciente del hecho de que él necesitaba al Señor en su vida.

Así que dijo, *"Jehová es mi pastor…. En lugares de delicados pastos me hará descansar."* David no sólo era salvo, sino que también tenía comunicación con el Señor. Se alimentaba en la Palabra de Dios y en la oración. Dios pudo usar a David por su corazón desarrollado para Dios. David dijo, *"Me guiará por sendas de justicia."* Dios eligió a David porque él tenía una vida de pensamientos puros. David vivía una vida pura y santa por pensar en Dios, orar, y andar en las sendas de justicia. Él tenía un corazón para Dios que era honrado y justo.

En 1993, 679 revistas nuevas fueron presentadas en los Estados Unidos de Norteamérica. Había 60 revistas diferentes que trataban del estilo de vida, 40 de deportes 35 en pasatiempos y manualidades, 30 dedicadas estrictamente a celebridades y lo qué están haciendo, y 97 dedicadas a nada más que sexo muy explícito. No vamos a tener un corazón para Dios si pasamos más tiempo en las revistas del mundo y en el entretenimiento del mundo que el que pasamos en la Palabra de Dios. Debe haber dedicación para andar en las sendas de justicia.

Cuando Dios miró desde el cielo y vio a David, vio a un hombre quien era salvo, en comunión con Él, y que tenía confianza en Él aún en tiempos difíciles. Dios pasó por encima de los siete hermanos que eran más fuertes y poderosos a los ojos del mundo para elegir al muchacho más joven porque él tenía un corazón para Él. El corazón puro de David le capacitó para escribir, años más tarde, el Salmo 57:7, el cual, dice, *"Pronto está mi corazón, oh Dios, mi corazón está dispuesto."*

Dios Tenía Un Corazón Contento

Debido a David, Dios tenía un corazón contento. Note lo que la Biblia dice cuando David fue traído a Samuel: *"Envió, pues, por él, y le hizo entrar; y era rubio, hermoso de ojos, y de buen parecer. Entonces Jehová dijo, Levántate y úngelo, porque éste es."*

Los cristianos deben desear una unción fresca de parte de Dios de tal manera que Él pueda usar y bendecir sus vidas. Dios está buscando a hombres y mujeres con corazones que sean puros delante de Él.

No Todos Estaban Felices

Cuando Dios es una bendición para su vida y se agrada en usted, no todos se regocijarán. La Biblia dice en 1 Samuel 18:9, *"Y desde aquel día Saúl no miró con buenos ojos a David."* No todos van a apoyarle si usted asume una posición y dice, *"Yo voy a tener un corazón puro para Dios. Quiero que Dios me bendiga. Quiero su poder en mi vida."* Aunque a David no le importaba lo que otros pensaran. Para David, lo que Dios pensara de él era lo único que era importante.

Mientras avance el siglo veintiuno, habrá muchos que menosprecien a un hombre o a una mujer que tiene un corazón para Dios. Sin embargo, mientras mantenemos un corazón puro para Dios, le agradaremos a Él y nos usará para hacer una diferencia en las vidas de otros.

El salmista dijo, *"Examíname, oh Dios, y conoce mi corazón; Pruébame y conoce mis pensamientos; Y ve si hay en mí camino de perversidad, Y guíame en el camino eterno"* (Salmos 139:23–24). Permitámosle a Dios que pruebe nuestros corazones para que revele lo que no le agrada. Mientras cambiamos para adecuarnos a Su diseño y luchamos por tener corazones puros, Dios nos usará para Su gloria.

CONCLUSIÓN

Al mirar atrás en las páginas precedentes y, aún más importante, al revisar a través de las Escrituras, llega a ser aparente que el más grande requisito para cualquier clase de ministerio es un corazón que no solo ha aceptado a Cristo como Salvador, sino que también ha sido totalmente rendido a Dios.

Al llamar Jesús a sus primero discípulos, Él dijo simplemente: *"Venid en pos de mí, y os haré pescadores de hombres"* (Mateo 4:19). Nadie en el cristianismo discutirá el hecho de que no hay suficientes pescadores de hombres en el presente, sea que sean pastores o misioneros, o miembros dedicados de las iglesias quienes están dispuestos a compartir el Evangelio. Simplemente no tenemos tantos obreros para la cosecha como se necesitan en estos días.

Podemos especular interminablemente de por qué hay tan pocos obreros. Tal vez la explicación más grande puede estar en el hecho que simplemente hemos olvidado las palabras: "Venid en pos de mí." El apóstol Pablo, quien fuera probablemente el más grande ganador de almas en el primer siglo, a menudo compartió la carga de su corazón por Israel y también por el mundo gentil. Su más grande deseo, como está registrado en el libro de los Filipenses, era que pudiera conocer al Señor Jesús más íntimamente.

Emocionarse por Dios o por un entendimiento intelectual de Dios no puede reemplazar una intimidad perdurable con el Señor Jesucristo día tras día.

Si esto no ha llegado ya, habrá un tiempo en su vida cuando usted, como un cristiano, se dará cuenta que es posible estar ocupado en distintos tipos de buenas obras y aún así sentir una tremenda falta de realización al mismo tiempo. Los cristianos sólo pueden sentirse verdaderamente realizados cuando tienen un corazón para Dios, y no hay nada como el fruto del servicio cristiano que fluye de esa clase de corazón. ¡Que cada lector se anime a permitir a Dios obrar *en* su corazón, para que Él pueda obrar *a través* de su vida en los días venideros!

BIBLIOGRAFÍA

Durante los meses que estas verdades fueron compartidas con la Iglesia Bautista de Lancaster, varios libros fueron de gran ayuda y ánimo para el autor. Estoy agradecido por los conceptos e ilustraciones deducidos de los siguientes libros:

Hutson, Curtis. *Salvation Crystal Clear (La salvación entendida claramente)*. Murfreesboro, Tenn.: Publicaciones de la Espada del Señor, 1987.

Rice, John R. *Prayer: Asking and Receiving (La oración: Pidiendo y recibiendo)*. Murfreesboro, Tenn.: Publicaciones de la Espada del Señor, 1970.

Sanders, J. Oswald. *Spiritual Leadership (Liderazgo espiritual)*. Chicago: Moody Press, 1980.